高校校园文化建设的途径与方法

刘 杨◎著

吉林人民出版社

图书在版编目（CIP）数据

高校校园文化建设的途径与方法 / 刘杨著 . — 长春：吉林人民出版社, 2023.9
ISBN 978-7-206-20618-4

Ⅰ.①高… Ⅱ.①刘… Ⅲ.①高等学校－校园文化－建设－研究－中国 Ⅳ.① G647

中国国家版本馆 CIP 数据核字 (2023) 第 182708 号

高校校园文化建设的途径与方法
GAOXIAO XIAOYUAN WENHUA JIANSHE DE TUJING YU FANGFA

著　者：刘　杨
责任编辑：崔　晓　　　　　封面设计：李宁宁
吉林人民出版社出版 发行（长春市人民大街 7548 号 邮政编码：130022）
咨询电话：0431-85378007
印　刷：长春市昌信电脑图文制作有限公司
开　本：710mm×1000mm　　1/32
印　张：3.75　　　　　　　字　数 150 千字
标准书号：ISBN 978-7-206-20618-4
版　次：2024 年 3 月第 1 版　　印　次：2024 年 3 月第 1 次印刷
定　价：58.00 元

如发现印装质量问题，影响阅读，请与出版社联系调换。

前　言

校园文化建设是高校发展的重要方向，它对培养学生的综合素质、促进学术进步和社会发展具有重要意义。在校园文化建设中，校园文化活动扮演着重要的角色。校园文化活动作为校园文化建设的重要组成部分，不仅是展示高校文化内涵和特色的重要载体，同时也是促进师生交流互动、提高学生素质的重要途径。

校园文化活动是展示高校文化内涵和特色的重要载体。通过举办各种形式的文化活动，高校能够展示学校的价值观、精神风貌和学术成就，彰显学校的文化特色。例如，学校可以组织音乐会、舞蹈表演、戏剧演出等艺术类活动，展示学生的艺术才华和创造力，同时传递学校对艺术的重视和支持。此外，学校还可以举办学术讲座、研讨会、学术比赛等学术类活动，展示学校在各学科领域的研究成果和学术实力，以便吸引更多学生和学者的关注与参与。

校园文化活动可以促进师生交流互动。通过举办各类文化活动，学生和教师有机会在非课堂的环境中进行交流和互动，增进彼此的了解和沟通。学生可以通过参与文艺演出、社团活动、志愿者服务等活动，展示自己的才艺和能力，并与教师和其他同学建立起更紧密的联系。同时，教师也可以通过组织学术讲座、学术比赛等活动，深入交流，分享自己的学术经验和知识，激发学生的学术兴趣和创新潜力。

校园文化活动能够提高学生的素质。通过参与各类文化活动，能够培养学生广泛的兴趣爱好、拓宽其眼界、锻炼其综合能力。文化活动既可以为学生提供展示才艺的舞台，培养他们的创造力和表达能力，也可以引导学生参与社会公益活动，增强他们的社会责任感和团队合作意识。此外，文化活动还能培养学生的审美情趣、人文素养和国际视野，使他们成为具有全面发展和社会责任感的优秀人才。

　　校园文化活动作为校园文化建设的重要组成部分，具有丰富的内涵和重要的意义。通过举办各类文化活动，高校能够展示自身的文化特色，促进师生之间的交流互动，提高学生的综合素质。因此，高校应重视校园文化活动的策划与组织，为学生提供丰富多样的文化体验和成长机会，进一步地推动校园文化建设的发展与提升。

目 录

第一章　高校校园文化的概念与内涵 ·············· 1

第一节　高校校园文化的概念 ················· 1
第二节　高校校园文化的内涵 ················· 3
第三节　高校校园文化建设的作用 ············· 5

第二章　高校校园文化建设的基本理论 ············ 10

第一节　高校校园文化建设的原则 ············· 10
第二节　高校校园文化建设的特征与目标 ······· 33

第三章　高校校园文化育人的要素及机理 ·········· 39

第一节　高校校园文化的育人要素及路径 ······· 39
第二节　高校校园文化育人的机理、要求与实例 ··· 50

第四章　高校校园文化建设 ······················ 65

第一节　高校校园物质环境建设 ··············· 65
第二节　高校校园文化载体建设 ··············· 77
第三节　高校校园文化运行机制建设 ··········· 83

第四节　高校校园活动建设 ……………………91

第五章　高校校园文化活动与校园文化建设 ………97
第一节　高校校园文化活动的含义 ………………97
第二节　举办校园文化活动的目的 ……………… 105

参考文献 ………………………………………… 111

第一章　高校校园文化的概念与内涵

第一节　高校校园文化的概念

一、高校校园文化的概念

高校校园文化作为一种文化，主要根植于高校校园环境中。在高校教育工作中，特定环境下形成的文化被称为校园文化。同时，高校校园文化能够随着高校自身的发展而逐步变化。对于高校校园文化来说，可以从广义和狭义两个方面加以讨论。从广义的角度来看，可以对高校校园文化构成部分进行相关要素的划分，包括高校校园制度文化、精神文化、物质文化以及行为文化。其中涉及学生、教师、校园本体、校园精神风貌等内容。而从狭义的角度来看，高校校园文化包括校园环境、校园课堂、课外活动等内容。关于高校校园文化的定义，许多专家学者都曾进行过深入的探讨，每个人的定义也各有不同。高校校园文化体现在高校日常教学、生活的点点滴滴中，可以展现出整个高校的文化氛围和精神意识，是高校形象的具体展现。[①] 总而言之，高校校园文化指的就是在社会背景的基

[①] 张付丽.高校校园文化育人的内涵及路径创新研究[J].文化创新比较研究，2023，7（9）：143—147.

础上，将高校当作依托，将校园环境与学校活动作为载体来进行学生的教育工作。人们将此活动过程中形成的文化称之为高校校园文化。

二、高校校园文化建设的主要内容

对于高校来说，其校园文化建设内容十分丰富。高校校园文化是不断发展的形态，是在高校发展的基础上逐步形成的文化体系。通过校园文化的建设能够在很大程度上提升高校校园教育的质量，同时也有助于培养人才。目前，高校校园文化的建设内容主要包括精神文化建设、物质文化建设、制度文化建设、行为文化建设以及网络文化建设。其中，校园精神文化建设工作是整体文化内容的核心，能够全面展示全校师生的精神状况，能够体现出高校的整体发展风貌和独特的精神气质。校风、学风、教风以及科研精神等方面的内容最能够展现一所高校的精神风貌。物质文化建设方面主要体现在高校日常的教学管理工作中，为高校学生的学习和日常校园生活提供基础保障。通过物质方面的文化建设，以高校的外观建筑为载体，能够展现相应的精神风貌，包括学校的建筑风格、办学设施和景观等。制度文化建设也是校园文化的重要组成部分。高校为了满足学校的发展和学生的学习需要，会在日常的教学管理工作中制定出一系列的规章制度，旨在实现教学水平的提升，加强对学生的培养。另外，规范全校教职工和学生的行为，也有利于建设良好的校园行为风貌。校园行为文化建设工作非常关键，主要通过展示全校师生的行为来体现。通过高校师生的行为展示，能够更好地感受到高校整体的行为风貌，影响全体师生的道德品质和基本行为。该建设内容包括高校举办的校园文化活动、社会实践活动以及教师学生的日常行为等。网络文化建设工作也十分重要。它基于高校现有的网络平台，将物质、精神和制度等方面融为一体，通过网络平台进行展示和交流，形成文化。其中的文化内容包括思维模式的分享、专业知识的学习以及网络机制的内容等，它们都是高校校园文化的基本组成部分。

第二节 高校校园文化的内涵

高校校园文化包含的元素是多元的。校园文化无时不在，集中体现高校师生的价值理念、思维方式及行为艺术中，对于提升高校影响力、核心竞争力以及形成良好的校风、院风和班风具有重要的作用。[①] 高校校园文化是我国文化的一种体现方式，为了深度理解高校校园文化的内涵，我们需要首先了解文化的定义。只有正确地把握文化的本质，才能为后续的研究工作奠定基础。一般来说，文化指的是一个社会群体所具有的共同价值观念，这种共同价值观念被称为文化。文化是人类在整个历史生存和发展中形成的一种社会行为方式。通过对文化的内涵和实质进行研究，可以揭示人类发展的根本规律，有助于社会科学的研究。

对于高校校园文化来说，主要指的是在校园环境中形成的文化，是一种特定的文化活动形式。高校校园文化可以通过主观意愿驱使下的有意识的育人活动进行，也可能是无意识的文化熏陶，从而对学生的思想产生影响。一位美国研究学者曾表示，校园文化主要涵盖校园的外观环境、精神力量、学校制度等内容，这些因素相互作用下形成了校园文化，它对教师和学生的行为起到指导作用，从而形成了高校校园文化的模式。在我国，许多专家和学者认为，高校校园文化指的是高校在日常的办学活动中形成的意识行为和精神状态。

高校是学生学习知识的场所，也是教育者传递思想意识的主

---

① 胡薇.新时代高校校园文化育人体系构建的策略研究[J].赤峰学院学报（汉文哲学社会科学版），2022，43（12）：79—82.

要机构。从高校成立之日起,就在不断地追求学术自由,创造高尚的精神文明。我们要求学生在学习的同时形成正确的价值观、不断地追求真理、崇尚科学、怀揣雄心壮志和坚定的信仰。这些思想价值观构成了高校校园文化的内涵,并不断地影响着教师和学生的思想。在不同历史时期,高校的校园文化表达方式多样,但都传递着一种思想和精神。校园文化的目标是让学生在日常学习生活中具备自觉意识,通过文化的影响提高道德品质、规范行为,塑造正确的价值观念,从而真正地培养高素质人才。我们要求所有师生遵守高校制定的管理制度,高校则是通过制度文化规范师生行为。

校园活动的开展可以影响师生思想,形成文化惯例,对全体师生产生影响。校园文化是全校师生的行为准则,是高校经过长期发展形成的,它为学校的教学宗旨和师生的行为规范提供了基础。校园文化可以规划高校的长期发展方向,约束个人行为。例如,校园制度文化可以规范教师的教学和科研行为,使教研工作有序进行。正是因为有如此多的制度规范,高校才能持续发展。通过校园文化建设,高校可以变得更加具有魅力,受到人们的喜爱和憧憬。高校的校园文化与传统的制度规范有所不同,尽管两者都具有行为约束力,但校园文化更能发挥师生的主观能动性,实现对自身行为的约束。

校园文化是高校的标志符号,在高校组织结构中,它有助于处理各部门之间的关系,并促进高校人员队伍建设,推动高校的发展。高校的符号设置是重要的,它代表了高校的软文化,并具有象征性意义。例如,学校的名称、校训、校歌等,共同构成了高校的符号体系,也是校园文化的表现形式之一。此外,高校校园文化还包括良好的学术文化,其要求实事求是,严谨地进行学术工作,使全体教师融入其中,形成良好的学术氛围。这将使他们能够全身心地从事教学工作,不断提高教学和研究水平,从而提升高校的教学质量。通过构建学术文化，可以使高校内部的学术环境更加公正，有助于教师个人能力的成长，并为学生树立榜样。学术要具有前瞻性，而学术文化应该崇尚学术自由，树立正确的理想信念，勇于追求真理，为实现自身的理想抱负而努力奋斗。这样的教育才能把学生教育成为对社会有用的人才，成为民族辉煌建设的中坚力量。总之，高校的校园文化建设至关重要，它综合了多种因素，包括学校的制度、外观环境、教学风气、校园活动等多方面的内容。

第三节 高校校园文化建设的作用

一、有助于校园精神文明建设

校园文化建设对促进高校校园的精神文明建设具有重要作用。精神文明建设是高校日常工作中不可或缺的组成部分，只有通过良好的校园文化建设，才能真正地推动精神文明建设的发展。我们应注重学生的思想道德教育，提高学生的道德素养，同时展示高校整体的精神风貌。校园文化是高校精神文明建设的重要载体，能够有效地培养学生的道德修养，营造良好的校园文化氛围。这将促进学生之间的关系更亲密，增强师生与同学之间的交流，形成友爱、和谐的高校学习与生活氛围，助力校园精神文明建设的推进。身处于优秀的高校校园文化中，学生能够感受到关爱，被吸引融入良好的校园环境中学习和生活，他们不仅可以享受多姿多彩的校园文化活动，还能缓解学习生活的厌倦感。这样，学生在日常的高校学习生活中会更积极，以崭新的面貌迎接每一天。同时，积极参与校园文化活动可以增强学生的创新能力，不断地提升他们的思想境界，使其感受到校园文化的魅力。

在校园文化建设中，开展各种形式的文化活动，比如艺术节、演讲比赛、文学创作等，可以丰富学生的精神生活，激发他们的创造力和艺术才华。此外，组织社团活动、志愿服务等也能够给学生提供发展自身特长和参与社会实践的机会，培养学生的社会责任感和团队合作精神。通过这些活动，学生能够感受到团结、友爱和互助的力量，形成积极向上的精神风貌。高校校园文化建设还应注重学生的思想教育和道德培养，通过开展讲座、座谈会、主题班会等形式，引导学生树立正确的人生观、价值观和世界观，培养他们的社会责任感、公民意识和道德品质。学校应该成为学生思想觉醒和成长的摇篮，为他们提供良好的思想引导和道德指导。

总之，在高校，通过多样化的文化活动和思想教育，可以培养学生的综合素质和创新能力，提高他们的道德修养和社会责任感，营造积极向上、友爱和谐的校园氛围，继而推动精神文明建设取得更大的成就。

二、具有文化导向功能

高校校园文化建设具有文化导向功能。文化导向功能指的是通过校园文化的各个要素的集中作用，对整个高校校园和每个成员的价值取向和行为取向起到引导作用，使其符合社会所确定的目标。尤其在当前全球化背景下，各种文化的冲击影响着学生的价值观，而大学生由于缺乏社会经验和认知能力的不足，更容易受到外来文化的影响，难以形成正确的价值观。因此，使高校校园文化建设发挥文化导向功能尤为重要。一方面，可以将民族精神、社会主义核心价值观和红色精神等思想融入高校校园文化中，成为学生思想教育的指导，引导学生形成正确的价值观念，并保持本民族的特色。通过高校校园文化的引导，学生能够接触到我国优秀的传统文化，使其思想变得更加积极向上。

另一方面,高校校园文化建设应注重对物质文化和精神文化的创设,使制度文化发挥导向功能。在高校校园文化的塑造中,应弘扬真善美的价值观,远离假恶丑,使整个高校的校园文化具有明确的导向功能,引领学生朝着正确的发展道路前进。为了实现这一目标,高校校园文化建设可以采取丰富多样的文化活动、教育讲座和社团组织等方式,引导学生接触和了解不同文化,培养他们的文化自信和判断能力,使其在面对多元文化时能够正确把握和选择,不被外来文化所左右。通过发挥高校校园文化的导向功能,学生将更加清晰地认识到自身所处的文化背景和社会责任,形成积极的人生观、价值观和世界观,为个人成长和社会发展奠定坚实基础。同时,学生也将在高校校园文化的引导下逐渐树立正确的价值取向,为社会的发展积极贡献自己的力量。

三、有益于实施文化育人功能

(一)校园文化建设工作有助于实现高校的育人功能

思政教育是高校教育工作的重要组成部分,旨在对大学生进行思想教育,使其具备高尚的道德品质和正确的思想观念,实现大学生文化水平和道德素养的同步提升。在进行高校校园文化建设工作时,可以以校园文化为媒介进行大学生的思想教育,以达到文化育人的最终目标。例如,校训是高校校园文化的重要组成部分之一,它代表着学校积极向上的风貌,标示着学校的育人方向。通过校训,可以实现对大学生的育人培养。例如,西安交通大学的校训是"精勤求学,敦笃励志,果毅力行,忠恕任事"。从该校的校训可以看出,学校致力于培养学生认真学习的精神,崇尚现代科学,以科学的方法创造美好的未来。追逐自己的梦想,并永不放弃。此外,校训还强调学生要坚定目标,树立远大的理想,并通过行动来提升自己。

（二）校训还有助于学校形成良好的教育风格

校训能够帮助教师和学生养成良好的治学习惯，提高个人道德素养，形成良好的校园氛围，从而有助于培养高素质的人才。高校的文化教育工作至关重要，不仅承担着民族振兴的使命，也是社会发展的基础，有利于构建和谐社会，提高全体国民素质，促进人才的全方位培养。通过校园文化建设，学生会明白在学会做事之前要学会做人，只有德才兼备才能真正成为对社会和国家有用的人。校园文化育人工作的开展可以在潜移默化中影响学生的思想，有助于实现立德树人的教育目标。

四、有助于增加学生的凝聚力

对于高校来说，文化育人可以增强学生之间的凝聚力，是建设具有强大精神力量的整个校园的关键。高校校园文化建设能够将分散的精神凝聚在一起，形成共同的精神动力，有助于学校的发展，并增强学生的精神信念。通过高校校园文化建设，能够培养学生对母校的感激、感恩、怀念和信任等多种情感，从而增强学生的凝聚力。

在进行校园文化建设过程中，高校应重点进行精神文化方面的建设。通常，学校会制定独特的校训、校歌和校徽，每种精神文化内容都能体现自身的特色。如校训通过引导学生的学习、日常行为和思想观念，对学生进行价值观的教育，从而增强学生的凝聚力；校歌作为学校的集体合唱歌曲，能够通过学习和共同演唱，更好地团结学生，增强他们的思想凝聚力；校徽作为学校的象征，能够使学生对母校充满怀念和感恩之情。通过开展高校校园文化建设工作，能够在潜移默化中改变学生的思想观念，让学生每次听到母校的名字都充满一种莫名的自豪感。

此外，高校校园文化建设还可以通过丰富多样的文化活动、社团组织和交流平台等方式,促进学生之间的交流与合作,增强他们的集体意识和归属感;通过共同参与各种文化活动和组织,使学生之间建立深厚的友谊和信任,形成紧密的群体关系,进而增加学生的凝聚力。

总之,高校校园文化建设在增加学生凝聚力方面发挥着重要作用。通过塑造独特的校园文化,高校管理者可以引导学生形成共同的精神价值观和情感认同,加强学生对母校的认同感和归属感,从而增强学生之间的凝聚力。

第二章　高校校园文化建设的基本理论

第一节　高校校园文化建设的原则

一、多样化原则

高校作为培养未来社会主义接班人和建设者的主要场所，对人才德智体美各方面的发展起到决定性作用，而且还关乎文化保护、传承、创新与发展，它也是保障我国意识形态安全的重要场所[①]。高校校园文化建设工作应遵循多样化的原则。高校校园文化建设的内容应呈现多样性，既要注重物质方面的文化建设，也要重视精神方面的文化建设。学校的环境和历史发展历程以及校训、校歌、校园文化活动等，都是高校校园文化的重要组成部分，能发挥相应的文化育人作用。

（一）学校环境建设

高校在开展校园文化建设工作时，可以从学校的环境入手，

---

① 侯檬檬.文化哲学视角的高校校园文化建设原则及路径[J].现代交际，2020（15）：218—219.

第二章 高校校园文化建设的基本理论

通过物质层面来实现校园文化的建设目标。许多高校内部都有雕塑的展示，不仅可以宣传校园文化，还能让学生在欣赏雕塑时感受到浓厚的文化氛围。通过雕塑的形式展现高校的潜在文化内涵，可以实现文化育人的目标。例如，武汉大学在校园内放置了首任校长王世杰的雕塑。这座雕塑是校长的半身像，坐落在银杏树下，手中拿着书卷，仿佛正在树下阅读。凡经过的学子能够感受到校园的读书氛围，激励他们努力学习。同时，首任校长雕塑也会带给学生一种感受，仿佛透过雕塑看到了武汉大学建立初期的样貌，从而感受到校园背后丰富的文化历史底蕴，体验到武汉大学深厚的文化内涵。

1. 高校校园硬件文化建设

校园硬件文化是高校校园文化的一部分，通过硬件建设，高校可以展示自身的综合实力，将其与文化品位相结合，对学生的思想产生影响。例如，高校可以精心设计校园内的建筑和景观，让其具有文化内涵和人文特色，起到文化育人的作用，高校可以通过建设图书馆为学生提供良好的学习环境，让学生可以在图书馆中查阅相关资料，获取丰富的学习资源。另外，高校还可以修建现代化的教学楼、扩建校园道路，为学生提供宽敞舒适的学习环境；增加校园绿化面积，让校园充满鸟语花香，更贴近自然，为学生提供清新的空气和优雅的环境。此外，可以在校园内设置雕塑和纪念碑等物件，让整个学校充满文化氛围，营造书香气息，处处激励学生努力学习。

高校在进行硬件建设时，还应考虑自身的校园特点，使学生能够感受到校园深厚的文化底蕴。例如，西安交通大学设立了纪念西迁精神的博物馆，通过展示照片、物品、纪念品等让学生了解西迁事件，起到文化熏陶的作用。同时，该博物馆还将爱国思想和创新精神融合在一起，以此提升学生的爱国情怀。此外，该校还在校园小路、学校餐厅等地设置了人文景观，让花草装点校园；校园的墙壁上也充满了文化色彩，在营造良好的校园文化氛围的同时，使全体师生都能感受到校园内部浓厚的文化气息。

2.高校雕塑文化建设

校园文化的内容建设应该契合高校实际，既要具有指导性，又要符合学生的认知特征[①]。在这方面，雕塑作为高校环境建设的重要表现形式之一，扮演着重要角色。雕塑不仅可以起到装饰校园环境的作用，还能够营造良好的文化氛围。校园雕塑是高校物质环境建设的重要组成部分，它能够营造浓厚的文化氛围。当学生踏入高校校园时，看到校园中的雕塑作品屹立其间，便能感受到校园内部的人文气息。通过名人雕塑和纪念碑的结合，可以介绍相关历史人物和事件，在让高校学生了解雕塑的具体内涵的同时，不仅可以增强学生的知识和见识，还能打造出具有良好校园人文景观的环境，激发学生对历史名人的学习兴趣，进而激发学生的奋斗意志。同时，这也有助于增强学生的道德认同感，提升高校学生的道德素养，促使他们规范自身行为，发挥榜样的力量。雕塑不仅是一种雕刻艺术，还应与文化相结合，以发挥其在高校校园文化建设中的作用，实现环境育人的目标。通过雕塑与校园文化相结合，学生可以与雕塑人物产生情感共鸣，进而实现校园文化的育人目标。因此，高校雕塑文化建设对于丰富校园文化、提升学生的文化素养和情感认同，以及激发学生的奋斗精神具有重要的意义。通过创建具有艺术价值和文化内涵的雕塑作品，高校能够打造出独特的校园文化氛围，为学生提供更加美好、富有教育意义的学习和生活环境。

3.建设高校的校史馆

在高校中建设校史馆具有重要意义。校史馆是展示学校历史、传承学校文化的重要场所，对于学生的德育教育和学校形象宣传

[①] 石国华.基于"三全育人"理念的高校校园文化建设研究[J].北京联合大学学报，2023，37（2）：29—33.

具有重要作用。

（1）校史馆能够有效地展示学校的历史和文化内涵

通过展览文物、陈列图片资料等方式，校史馆可以向学生和访客展示学校建校以来的发展历程、重要事件和里程碑式的成就。学生可以通过参观校史馆了解学校的过去，认识学校的发展历程，进而形成对学校的认同感和归属感。

（2）校史馆可以挖掘学校的历史资料和文化元素

校史馆可以整理和展示学校的档案、文物、照片、文献等，通过这些珍贵的历史资料，让学生更加直观地感受学校的历史底蕴和文化传承。同时，还可以邀请学校的老一辈领导、校友等，通过口述历史、分享故事的方式，将学校的历史与人物联系起来，激发学生对学校历史的兴趣和热爱。

校史馆在建设时可以借助现代信息技术手段，比如建设校史馆网站，提供在线展览、虚拟导览等功能，让学生能够随时随地通过网络了解学校的历史。这样不仅提升了学生获取历史信息的便利性，也展现了学校的创新精神和信息化建设水平。教师可以利用校史馆进行相关的教育讲解，组织学生参与校史研究和文化活动，引导学生深入了解学校的历史背景和精神内涵。这样不仅可以加深学生对学校的认同感和自豪感，还可以增强学生的凝聚力和集体荣誉感。

总之，建设高校的校史馆不仅能展示学校的历史和文化，还能进行德育教育、塑造学生的身份认同，同时提升学校的知名度和影响力。通过校史馆的建设，学校可以更好地传承和弘扬自身的优秀文化传统，促进学生的全面成长与发展。

（二）精神文明建设

高校担负着培养社会主义建设者和接班人的重任，如何加强和改进大学生思想政治教育、提高大学生综合素质成为当前高等教育面临的一个重要课题，而校园文化建设则是其中不可或缺的一环[①]。在高校建设校园文化的过程中，可以通过开展相关活动来加强精神文明方面的建设。例如，东北石油大学在校园文化建设中，特别将"大庆精神"融入其中，形成了独特的校园文化特色。该校通过丰富的文体活动，使学生更深入地理解"大庆精神"的文化内涵。高校可以通过讲座、学术会议等形式进行校园学术活动，邀请国内知名专家和教授进行讲解。这种方式不仅有助于拓宽学校师生的文化视野，还能提升教师的学术专业能力。通过这种学术性校园文化的融入，可以激发校园学习氛围的活力。

此外，学校还可以定期举办艺术类和科技类活动，将具有自身特色的文化精神融入其中，继而提高学生艰苦奋斗和努力治学的精神。学校还可以成立科技社团，在社团活动中开展科技研究和创新发明，为创新型人才培养奠定基础。此外，学校还可以建立多个社会实践基地，鼓励学生利用假期时间实习，通过实践学习技术，同时感受工人身上的奋斗精神。例如，学校可以组织学生改编励志的故事，并通过话剧表演的方式呈现出来，使学生更加深入地体会其中的精神文明，激发其学习动力。

1. 软件文化建设

软件文化建设是高校校园文化建设中的重要方面，它涉及教师素质培养、学生管理、精神文明传播等多个方面。

（1）高校应注重对教师素质的培养和发展

教师是软件文化传播的重要力量，他们应具备广博的知识和高尚的道德品质。高校可以组织教师参与专业知识竞赛、学术交流等活动，激发教师的学术研究热情，提高教师的学科素养和专业水平。同时，通过定期的教师培训和进修，提升教师的教学能力和教育教学理念，使其成为学生的榜样和引领者。

---

① 蔡岩，张静，王茹春.新时代立德树人视域下高校校园文化建设路径研究[J].林区教学，2023（3）：28—31.

第二章 高校校园文化建设的基本理论

（2）学生管理是软件文化建设的重要环节

高校应加强学生管理工作，关注学生的思想教育和全面发展。学校可以建立学生活动中心、社团组织等平台，鼓励学生参与各类文化、艺术、体育等活动，培养学生的综合素质和团队合作能力。同时，学校还应加强对学生的思想引导和心理健康教育，为其提供必要的心理咨询和指导，帮助学生解决成长中的问题，培养他们积极向上的心态和正确的人生观、价值观。

（3）高校还应加强精神文明的传播和倡导

高校应通过丰富多彩的文化活动、讲座、展览等形式，传递积极向上的价值观念和文化内涵。如组织文化艺术节、主题讲座、书法展等活动，吸引学生参与，培养他们对优秀文化的欣赏和理解能力。同时，学校应加强对学生精神文明的引导和规范，倡导文明礼仪、健康的生活方式等，营造和谐的校园文化氛围。在推进高校软件文化建设的过程中，高校需要制订长期的规划和计划，明确发展目标和路径，合理安排资源投入。这需要学校领导的关注和支持，以及全体教职员工和学生的积极参与和共同努力。

总之，高校软件文化建设是校园文化建设的重要组成部分。通过注重教师素质培养、学生管理和精神文明传播，高校可以营造积极向上、充满创造力和活力的校园文化环境，促进学生全面成长与发展。

2. 教师师德建设

师德建设是高校精神文明建设的重要组成部分。教师这一职业之所以备受尊重，不仅源于其学识渊博，更重要的是其拥有高尚的品德。教师一直以来都是无私奉献和道德品质的典范，赢得了大家的尊敬。因此，高校应该重视对教师师德的建设，让教师拥有崇高的理想信念，并将道德品质的提升作为职业生涯的基本目标。教师承担着学生的人生导师的角色，是学生的道德典范和楷模，而师德是教师灵魂的体现。因此，高校管理者应将教师的师德与年度考核相结合，以引起教师工作者的重视。高校应建立教师师德考核标准，并将其与教师的薪资、奖金、职称评定等挂钩，以实现教师职业素养和道德品质的真正提升。高校教师应重视个人道德修养，并将这种良好品质发扬光大，并对学生产生积极影响。教师应关心爱护学生，对待所有学生保持公平的态度，为学生提供无私的帮助。

3.学生德育教育

高校在自身校园文化建设的过程中，应明确学生德育工作的重要性，并认识到当前社会对大学生道德品质的高要求——只有德才兼备的学生才能受到社会的认可和欢迎。因此，在进行高素质人才培养时，高校应秉承"以人为本"的教育原则，以学生的德育教育为核心展开教学活动；借助校园文化建设的机会，积极影响学生的思想观念，提升他们的个人品质，培养正确的思想观念和行为习惯。

在德育工作中，高校应要求学生热爱祖国，遵守国家法律。同时，还需要培养学生善良友爱、团结互助、勤奋上进、英勇无畏的良好品质。校园文化建设对学生具有积极影响，可以提高他们的道德修养。因此，高校需要在课堂教学中注重对学生德育的教育，将德育理念融入学科教学中。同时，可以通过组织丰富多样的德育活动，比如社会实践、志愿服务等，培养学生的社会责任感和奉献精神。此外，高校还可以借助导师制度，为学生提供个性化的指导和榜样引领，促进他们的全面发展和道德成长。

重视学生德育工作不仅有助于培养品德高尚的人才，也有利于学生成长为具有社会责任感和道德担当的公民。高校的校园文化建设应充分发挥其对学生的影响力，提升学生的道德素养，为社会培养更多优秀的人才做出积极贡献。

第二章 高校校园文化建设的基本理论

4. 制度建设

在高校的校园文化建设过程中，还应重视制度的建设工作。制度保障可以为德育工作提供有力的支持，为高校的文化育人目标提供立足点。作为高校的管理人员，应深入分析高校的实际情况，充分利用现有资源，着力完善管理制度，从而制定相关标准，促进对教师和学生的道德品质培养，以实现全校师生道德素养的提升。高校的管理制度是一种隐性的校园文化，但对教师和学生的价值观可以产生重要影响。因此，高校应吸引高水平的人才参与制度建设，从而构建高效的高校制度。

在高校制度的建设中，教师考核工作是重要一环。高校应根据国家的相关要求，设定教师的论文发表标准，避免出现教师学术水平不高的问题。同时，还应做好大学生的日常管理工作，采取人性化的管理方式，通过人性化的管理制度引导学生，使其感受到校园内部的民主氛围。管理者需要全面落实全校师生管理制度的建设工作，通过制度建设实现育人目标的落地。例如，清华大学在制度建设方面取得了显著成效。学校建立了一套科学的教师评价体系，将教师的教学质量、科研成果和社会影响力等多个方面纳入考核范畴；通过公开、公正的评价机制，激励教师提高教学水平和学术研究能力，营造了积极向上的学术氛围。此外，清华大学还非常注重对学生的日常管理，建立了学生自治的机制，通过学生会和班级管理委员会等组织，让学生参与校园事务决策，从而培养他们的领导能力和责任感。

通过科学、公正的制度建设，高校能够实现师生素质的提升，培养具有高道德品质和创新能力的人才。

5. 微课育人建设

大学校园文化作为一种亚文化，是以校园人为主体，以校园文化活动为主要内容，以校园为主要活动空间，以校园精神为主要特征的群体文化。在新时代的社会背景下，高校需要将"立德树人"工作作为文化建设的核心目标。为了有效地实现这一目标，高校应充分利用微课来进行育人建设，例如将红色资源融入其中，形成红色微课堂，致力于对学生红色精神的培养。

对学生红色精神的培养符合现代社会发展主旋律，具有鲜明的时代特色。高校应挖掘和整合红色资源，将其融入微课教学中，如通过信息技术与红色文化的整合，实现对学生的全面培养。高校可以对当地的红色资源进行挖掘，利用微课进行红色精神教育，让学生了解当地的革命故事，提高他们的爱国精神。此外，高校还可以设置关于红色文化学习的选修课程，让学生在课堂中深入了解红色经典。通过打造红色微课，高校可以实现对红色文化的传承。同时，教师可以带领学生参与红色文化主题活动，让学生在这些活动中了解红色革命，表达对革命先辈的尊敬和爱，培养学生的感恩之情。

高校还可以利用微课宣传红色文化，将微课作为学生学习红色文化的重要方式，进一步地提高学生的政治素养。例如，清华大学开设了《中国近现代史纲要》微课程，通过微课的形式传授红色文化知识，使学生在便捷的学习环境中增长爱国情怀。

总之，高校微课育人建设需要充分利用红色资源，并将其融入微课教学中，以培养学生的红色精神。通过微课的开展，高校可以实现对红色文化的传承与宣传，促进学生的爱国主义情感和政治素养的提升。

6. 传承中华优秀传统文化

中华优秀传统文化凝聚着中国祖祖辈辈的智慧结晶、道德素养和思想品格，是中华民族的灵魂，也是最为深厚的文化软实力。中华优秀传统文化是中华精神的精髓，也是社会主义核心价值观的终极体现。因此，我们需要学习优秀的传统文化思想，并将其融入高校日常教育中，从而实现对民族文化的传承。高校应将中华文化中的仁、义、礼、智、信等社会主义核心价值观融入文化教育，真正地发扬中华传统文化的精华。

例如，可以组织汉字书法比赛，展现中华汉字的魅力，让学生领略中华文化的精髓，可以开展中国画展、传统音乐比赛等活动传承传统艺术文化，可以通过中华优秀传统文化沙龙活动进行文化教育和传承，还可以开办茶艺社活动让学生深入了解中国茶文化。汉服是我国古代的特色服饰，通过汉服社团的组织，让高校学生穿着汉服，了解古代汉文化，可以实现中华传统文化的传播。古代诗歌是中华文学的巅峰，通过古诗社团活动，学生可以学习更多古代诗词，提升文化底蕴，实现传统文化的传承。

此外，高校还可以通过挖掘我国的传统节日背后的文化来进行育人工作，在让学生深入了解中华传统节日文化背景的同时传承中华优秀传统文化的精髓。教师还可以带领学生诵读经典文章，如《论语》《道德经》等国学著作，使学生既能感受中华传统文化的魅力，也能学习古人的智慧，为学生的人生带来智慧的启迪。

7. 打造高校助学文化

对于高校来说，打造校园助学文化十分关键，有助于实现立德树人的根本目标。通过助学文化的构建，能够让高校学生变得更加具有爱心，更能实现文化育人的目标。助学文化不仅仅是对经济困难学生的资助，它也是育人工作的一部分。助学文化的开展能够增加学生的自信心，树立坚毅的品质，培养其助学心理和感恩之情。

高校可以建立"助学基金"和"学生反哺"模式，构建高校助学教育基地，鼓励全校师生奉献爱心，实现爱心传递的作用。这种行为可以让学生在充满爱的校园环境中学习和生活，提高学生的自信心，让学生懂得感恩图报，提升学生的个人道德素养。高校可以建立助学平台，资助学校内部经济困难的学生。此外，还可以让学生在日后工作中继续参与母校的助学活动，将爱心传递给他人。

二、继承性原则——以红色文化为例

校园文化建设工作应该遵循继承性原则。我国是一个有着五千年历史的文明古国,中国传统文化已经根植于人们的血液之中。我国有很多优秀的传统文化,高校在建设校园文化时,可以将优秀传统文化融入其中,实现对大学生的思想培育目标。比如,学校可以将红色文化融入校园文化建设中。红色文化是中华传统优秀文化中的一部分,红色文化的融入不仅能让大学生学习红军战士的光荣品质,还可以培养学生的爱国精神。因此,高校应秉承着继承性原则,将红色文化融入校园文化建设中。

(一)学校管理制度的融入

高校在继承红色文化内容时,可以将其融入校园管理制度中,重点关注红色资源的利用,通过宣传中华传统美德和学习红色精神来培养学生。在建设高校管理制度时,需要明确设计方向,将红色文化融入其中,塑造正确的价值理念。为了有效地继承红色文化内容,应进行良好的顶层设计,将其融入不同领域,最大限度地实现红色文化的传承。在各领域中进行校园文化建设,有助于实现高校文化育人的目标。在校园制度构建中,应以学生为核心,实现人性化管理。高校应将教师和学生置于主体地位,尊重他们,使其具备主人翁意识。

此外,高校还可以将红色文化融入校园管理制度中,让学生学习更多的红色文化内容。利用红色文化进行熏陶,有助于引导大学生的行为。在继承红色文化时,高校可以将其融入法治理念中,以公平、公正、公开为处理原则。同时,加强法律宣传工作,让师生学习法律知识,以普及法律意识,通过正确的行为教导师生,形成良好习惯。

（二）学校公平理念的融入

高校在建设校园文化时，应确保公平原则的实施。民主是人类社会进步的标志之一，也是红色文化的核心价值之一。通过融入民主意识，可以更好地满足高校师生的利益需求。在相关决策过程中，高校管理者应认真听取师生的意见，并将其纳入规章制度。学校领导也应接受教师和学生的监督，避免发生破坏规则的行为。所有学校事务都应按规定办理，以塑造良好的校园风气。

高校应公开政务相关信息，使教师和学生获得知情权。如构建透明的信息化平台，展示高校内部结构、资金投入使用情况和规章制度制定情况，实现校园的积极发展。此外，将民主思想融入学术研究中也很重要，任何教师的学术成果都应提交给评审专家进行公正评价，并提出意见。例如，在学生评教过程中，高校可以采用匿名的方式收集学生对教师授课质量、教学方法和学术水平的评价意见。通过综合评估，可以公平地对教师进行评估，鼓励教师改进教学方法和提高教学质量。

高校可以建立学生代表大会或学生议事会等机构，让学生代表参与决策过程，并就校园事务提出建议和意见。通过这种方式，学生能在校园管理中发表自己的观点，增强民主参与意识。此外，高校还可以组织公开的学术讲座、辩论赛和社团活动，鼓励学生积极参与并表达自己的见解。这样可以培养学生的批判思维和民主意识，让他们在校园中形成公正、平等的价值观。

通过以上措施，高校可以将公平理念融入校园文化建设中，促进民主意识的培养，实现公正的治理环境，为学生提供一个公平公正的学习和成长环境，并培养他们的民主意识和公民素养。

（三）学校精神文明的融入

高校可以将红色文化内容融入校园精神文明建设中，实现对相关文化的传承。精神文明建设是高校校园文化的基石，高校应根据自身情况进行整体策划,以规划学校的发展。只有以强大的精神力量为指引,才能引领全校师生走向更加辉煌的未来。将红色文化作为学校培养学生的主流价值观,可以实现对高校人才的培养。例如,可以在进行高校的校训、校歌和校徽设计时与红色文化相融合,体现红色文化元素,明确学校的发展方向。校训具有强大的精神号召力,它既具备高校特色,又代表了高校的发展要求,体现了高校发展的人文追求。校徽是高校的文化标识,也是高校精神的集中体现。高校应将红色文化融入校徽和校训中,引导师生行为。例如,北京大学的校训是"爱国、进步、民主、科学",将红色文化内涵融入其中,引导学生努力进步,培养爱国精神。华北电力大学的校训是"团结、勤奋、求实、创新",其中的团结和求实都蕴含着红色文化的内容。贵州医科大学在校徽设计中使用了白色底和蓝色字,校徽中包含医学院老校徽的元素,如倒立的三角框与橄榄枝相连,象征和平。这样的校徽设计展现了学校的办学决心,同时也代表人们对和平的向往。

教育史承载着历史文化,也是高校精神的集中体现。高校还可以深入挖掘自身的教育史,如出版校史手册,让每位学生通过校史手册了解学校的历史。此外,高校可以每年举办学校周年纪念日活动,让所有学生参与其中,并开展红色故事会活动,宣传红色精神。这不仅可以加强学生对学校历史的认识,也能感受到红色精神给予自己的力量。

(四)学校思想教育的融入

高校的文化育人工作应该遵循继承性原则,可以将红色文化融入高校思想教育活动中。红色文化是中国共产党人领导人民群众在革命年代共同创造的具有中国特色的先进文化,是一种重要

第二章 高校校园文化建设的基本理论

的文化资源[①]。思想教育工作是高校育人的主要渠道之一，可以实现对高校人才的培育。各高校除了提高大学生的专业素养外，还需要注重对学生道德品质的培养。高校应做好大学生思想培育工作的顶层设计和总体策划，并有效落实，可将思想教育工作融入整个高校教学工作中，以培养高素质人才。红色文化可在其中发挥作用，助力高校学生的思想道德教育。

高校应将思想教育重点放在日常的思政课堂中。教师可以将红色文化内容渗透到思政教学工作中，让学生对红色文化有基本的了解。在思想教育中，可以利用信息技术手段呈现红色文化资源，增加思政教学的灵活性，提高学生对红色文化的学习兴趣。例如，在教授近代史相关知识时，教师可以在讲述红色故事时，将红色精神融入其中让学生学习。

高校在开展学生思想教育工作时，应充分发挥共产党员的模范作用，促进红色文化的渗透。在培训党员学生时，可以将红色历史故事融入其中，让学生铭记红色历史，坚定初心，不忘为人民服务，真正地成为一名优秀的党员。学生应学习党史知识、阅读红色经典。此外，还应对党员学生中的优秀个人进行嘉奖，以榜样的力量影响其他人，形成良好风气，提升党员学生的道德品质。高校可利用自身的报刊资源宣传红色文化，刊发与红色故事相关的文章，供学生阅读和学习，实现红色文化的渗透，培养学生的红色精神。

总之，将红色文化融入高校思想教育工作中，有助于高校学生思想道德教育的实施。高校应注重思想教育的日常课堂，发挥共产党员的模范作用，并利用报刊资源宣传红色文化，以培养具有红色精神的高素质人才。

---

① 刘晓玲，刘煜璇. 红色文化融入高校思想政治教育路径探析[J]. 吉林工程技术师范学院学报，2023，39（6）：6—11.

（五）学校文化创作的融入

文艺活动一直是思想教育的有效手段，通过开展文艺活动，能展现一个时代的风貌。无论是歌曲、舞蹈还是戏剧，都能展示红色文化，让学生了解那个时代的故事，提高学生的爱国素养。高校可以通过多种方式实现红色文化的渗透，深耕学生的爱国主义情怀。高校可以将红色文化作为活动主题，开展各种活动，以培养学生对红色文化的熏陶。例如，可以组织关于爱国主题的演讲活动，让学生准备演讲资料并撰写演讲稿。

此外，高校还可以举办红色歌曲的演唱比赛，要求参赛选手选择红色歌曲，表达对党和国家的爱。通过歌曲传递红色精神，培养高校学生的爱国情怀。高校可以开展形式多样的红色活动。可以组织学生参观红色革命旧址和纪念馆，通过观看历史文物的展示，让学生深入了解红色文化，加深对历史的理解，激发学生的爱国主义情感。同时，还可以开展红色音乐剧活动，通过音乐剧讲述红色故事。例如，可以表演《井冈山》音乐剧，有效地提高大学生的学习兴趣，同时让学生受到井冈山精神的鼓舞，实现思想教育的目标。将红色文化融入艺术创作中也是一种方式。例如，可以拍摄与红色故事相关的视频，配以解读的音频，创作出全新的红色视频作品，以传递红色文化，培养高校学生的红色精神；还可以通过动漫的方式再现红色故事，实现艺术创新，并将其展示在高校的电子展览馆中，以达到传播红色文化和进行高校思想教育的目标。

综上所述，高校应通过文艺活动等途径将红色文化融入思想教育中，培养学生的爱国情怀。通过开展红色主题的活动、组织演讲比赛、观览红色革命旧址等，可以加深学生对红色文化的了解与体验。同时，通过艺术创作、视频制作和动漫展示等方式，可以将红色精神生动传递下去，促进高校学生的思想教育和红色文化的传承。

（六）社会实践活动的融入

社会实践活动是高校学生学习的重要方式之一，它不仅可以增加学生的社会阅历，还可以让他们对社会情况有更深入的了解。参与社会实践活动有助于学生了解我国的国情，提高他们的综合能力，同时也有助于个人人格的塑造和自信心的提升。

高校应该组织学生参加与红色文化相关的社会实践活动，并为他们提供相应的理论指导，以提高学生的精神品质。在社会实践活动中，高校学生不仅需要参与，还需要传承和发展红色文化。比如高校的党员学生可以参与走进革命老区的活动，尤其是在寒暑假期间，可以在当地体验老一辈革命家所经历的生活，从而明白现在的美好生活来之不易。这种活动能够培养高校学生吃苦耐劳的精神，学习革命先辈永不言弃的精神。此外，还可以开展走进红色遗址的活动，挖掘当地的红色文化，助力红色文化的传播。

高校可以为学生选择一些能够锻炼身体和意志的基地，以培养他们吃苦耐劳的精神。高校应利用社会实践活动的机会，开展良好的思想教育工作。比如西安交通大学为了通过实践探索活动培养学生的精神品质，特别开展了学生创新创业比赛，要求学生在此过程中进行谋略和规划，并建立适当的创新小组，以提升他们的创新精神。另外，高校还可以成立科技兴趣小组，让学生积极探索，并为他们提供充足的技术创新资金，支持他们发表专利，以此有效地营造浓厚的校园创新文化氛围。在实施创新教育时，高校需要精心设计创新实践活动，领导层应高度重视这项工作，使学生成为整个创新活动的核心，激励学生学习创新，并引进国外先进的创新创业资源。通过这些活动的开展，高校可以整合内部创新和国际创业团队，实现产学结合，打造真正的校园创新氛围。

（七）学校社团活动的融入

社团活动是高校培养学生的主要形式之一。高校社团可以作为学生融入社会的缓冲，它的开展有助于提升学生的综合素养，也有助于校园文化建设。在社团活动中，学生可以提升语言沟通能力，并提升专业学习能力，促进个人成长。为了推广红色文化，进行红色教育和培养，高校应支持学生组建红色文化社团，通过该社团进行思想教育工作。在红色文化社团的活动中，可以开展多种相关的活动来教育和培养学生。例如，高校可以组织社团成员一起观看红色主题电影，让学生通过电影了解红色历史。观影结束后，可以要求学生写一篇观后感，再由指导教师进行点评，从而有效地实现对学生的思想教育；还可以通过讨论、辩论等形式探讨和研究电影中的红色文化，挖掘其中的意义，促进学生对红色教育的理解。

此外，高校还可以通过大规模合唱爱国歌曲、举办红色故事会等形式开展各种社团活动，以达到弘扬红色精神的教育目的。为了确保红色文化社团活动的正常开展，高校需要给予相应的支持。这不仅包括提供适当的实践活动场地，还需要拨款满足经费需求，助力提升高校学生的创造力，传承红色精神。高校应将红色文化社团活动融入校园文化建设中，并使学生成为活动的参与主体。只有让学生充分融入其中，才能实现思想教育的目标。在开展红色文化社团活动时，高校应根据学生的兴趣进行分组，只有使社团活动内容符合学生的兴趣，才能激发高校学生的主动性，在活动中实现创新发展，并受到红色精神的启发。

为了使文化类社团活动更加专业化，高校可以聘请外部专家来校进行指导，让学生在接受思想教育的同时，真正提升知识水平。例如，陕西师范大学就根据所在地区的特色开展了相关的社团活动，让学生参与《白鹿原》作品的影视表演，吸引了许多热爱表演的同学参与其中。为了使学生的表演更专业，校方特别邀请了表演教师进行指导，确保作品的呈现更专业。此外，高校学生还可以参与社会实践活动，例如，在假期担任历史博物馆导游，或与社团成员一起参与假期活动，真正通过实践活动提升自身的文化素养，传承民族精神。

（八）学校物质环境的融入

1. 校园文化与物质环境相结合

当前，高校在自身建设方面不断发展，同时也受到教育部的重视，这使得高校的办学条件得到了极大改善。许多高校加大了资金投入，建设了新的校园，为学生提供了良好的物质学习条件，这表明物质环境对高校发展具有重要影响，也强调了物质环境建设的重要性。

在培养学生的过程中，高校可以将校园文化与物质环境结合起来。如果高校希望通过物质环境创设来培育学生，就需要进行系统的设计，并按照相应步骤实施，以取得相应的教育效果。高校在物质环境建设过程中，需要根据当地的地域文化特点把握好尺度，并掌握历史文化的规律，多角度进行分析，以实现科学规划。只有充分地融合校园文化建设与校园建筑，才能突出高校的办学宗旨和育人精神，避免产生物质环境建设形式化的问题，真正地将校园文化融入高校环境创设中。

与此同时，高校在物质环境的创设中应该具有长远的眼光，侧重对文化和体育方面的考量，从而有效地展现学校所追求的价值。高校的物质环境不仅是精神文明的承载体，也是校园文化的体现，因此需要进行整体布局和详细规划，赋予其一定的文化内涵，以实现物质环境的育人目标。在高校的物质环境景观设计过程中，可以在融合高校办学理念的同时融入所在城市的地方特色和时代的鲜明特点，使物质景观与众不同。为了做好校园景观设计工作，高校需要了解自身的发展历史，明确发展阶段和办学特色。同时，还应将校园景观与一些文化内容相结合，例如，将红色文化与校园景观相融合，在校园内放置伟人的雕像，并设立刻有其名言诗作的石碑，以增进学生对这位伟人的深入了解。这样的环境设计能够增强高校的文化氛围，实现一定的环境育人效果。高校在文化景观设计中，需要突出自身的文化底蕴，与校园内的建筑物巧妙融合，彰显其特色。还可以在校园走廊设置展览照片，内容可以包括革命根据地遗址、伟人照片、过去的物品等，让学生在日常校园生活中经过走廊时能够观看具有历史痕迹的照片，受到相应的感染。这些都有助于学生感受革命先辈的红色精神，学习可贵的品质，促进高校学生的成长。

2.校园文化与文化宣传相结合

高校在校园文化建设的过程中应与文化宣传工作相融合，以发挥校园文化育人的作用。文化宣传工作是高校大学生教育的主要形式之一，为了有效地开展校园文化建设工作，应传承优秀文化内涵，提升高校的服务质量，并在校园文化的引领下实现对高校学生的思想教育。通过做好校园文化的宣传工作，可以达到文化育人的目标。

在进行文化宣传时，高校可以利用校内相关场所，比如图书馆进行宣传。图书馆作为校内的文化学习场所，每天人流量较高，是校园文化宣传的理想场所。高校管理者可以在图书馆内设置相关标语，鼓励学生积极奋进、努力学习，营造良好的学习氛围，使学生在图书馆中更加积极学习。书籍是人类进步的阶梯，也是高校学生获取知识的主要渠道之一。因此，高校可以在图书馆的明显位置摆放许多经典读物，比如红色经典读物、四大名著、国学经典等。

高校在校园文化宣传过程中，还可以通过校史馆、科技馆等内部设施进行宣传，展示高校的历史内容并融入红色文化。将校园内部建筑物作为载体，并融入各种文化元素，可以让高校学生在不同场所都感受到文化的影响，达到环境育人的目的。高校还应重点利用自身的广播站和宣传栏，使之与 LED 屏幕相结合，在高校主楼前进行相关内容的播放，起到文化宣传的作用。

在校园文化宣传过程中，一定要让学生参与其中，调动学生的积极性。比如让学生担任广播站的广播员，在广播站中每天中午和晚上朗读红色经典读物，通过扬声器传递红色经典内容，实现对高校学生的红色教育。通过多种形式进行校园文化的传播，不仅丰富了文化传播形式，还扩大了文化传播范围，学生每天受到积极宣传的影响，在潜移默化中实现了文化的渗透，培养了学生正确的价值观，形成了良好的校园风貌。

高校在进行校园文化宣传的同时，还应对文化内容进行解读，让学生了解更多相关的内涵。

（九）学校网络文化的融入

1. 网络文化平台的建设

在这个网络科技时代，校园网络文化的建设工作是非常关键的。网络时代具有一定的宣传优势，高校更需要掌握网络技术，利用网络技术的快捷优势，加强对校园文化的宣传。校园文化的建设离不开网络平台，只有做好校园网络平台的构建工作，才能为校园文化的宣传奠定基础。高校在校园网络平台打造的过程中，需要将自身所有资源进行收集与整合，为后续的网络平台建设工作提供资源支持。

网络平台具有开放性的特点，能够让学生互动，因此具有重要的文化信息传播优势，使用也非常便捷。通过网络平台，高校的校园文化宣传工作将更具优势。高校应该做好自身的网络平台建设工作，以促进校园文化的育人目标实现。在此过程中高校应将立德树人作为网络平台建设的总体目标。高校需要构建网络平台文化宣传机制，形成具有自身特色的网络工作室。高校还可以利用校园网络平台打造多种节目，包括访谈节目、文艺节目等，方便对学生进行思想教育。

此外，高校可以对网络平台的建设工作加以创新，形成量化的思政教育环境。比如每月在网络平台上举行网络抽奖活动，让学生在线讲述身边感人的故事等，有效地实现对高校学生的思想教育。在高校网络文化平台构建的过程中，政府部门应加大对高校的帮助，并投入相应的教育资金，做好高校的网络设备投入工作，为高校网络文化平台的构建提供支持。

高校网络文化平台建设需要与新媒体技术进行结合，可以与微信、微博、贴吧等平台进行互动，让学生能够将校园内部网络平台中的内容转载到各个外部平台上，以实现校园文化宣传的效果。这不仅能向社会传播正能量，还可以提高学校的知名度。

通过校园网络平台进行文化育人工作十分复杂，需要多方面努力才能实现目标。首先，高校应发挥组织者的作用，在网络文化平台构建过程中进行指导和管理。无论是网络建设还是人才选拔，都应在校领导的指导下完成，以确保网络平台的建设有效进行。其次，学校除了要建立宣传部门，还要成立技术部门，专门负责网络的建立、规划、维护及管理工作。最后，要负责平台的建立、维护与管理，校园信息化的规划，处理紧急事务等工作，在加强高校网络文化平台的监督和管理工作的同时，避免出现违规内容，有效地肃清网络不良之风。

2. 网络文化内容的建设

在新时代下，网络已经成为人们日常生活中不可或缺的一部分，并且是人们获取信息的重要途径。在这样的背景下，高校尤其需要做好网络建设工作，利用丰富的内容吸引大学生的关注。首先，需要进行网络文化内容的建设，以推进校园文化并实现良好的文化育人工作。例如，高校可以将红色文化融入网络平台中，并使其对高校师生产生重要的文化影响;可以专门创建一个网络平台或网络平台的一个模块来推广红色文化内容。在该模块中,高校应根据时代的发展,将党的方针政策融入其中,以宣传党的政策为目标。其次,将网络与高校师生的工作和学习内容相结合,真正实现校园网络文化内容的建设。当前互联网上的资源非常丰富,且具有一定的深度,如果善加利用,一定会对学生产生积极的影响。最后,高校应不断探索创新型的网络教育方式和方法,充分发挥网络的优势,实现对高校学生的文化教育。

目前,许多网络社交平台深受学生的喜爱,包括微信、微博、抖音、快手等。微信作为一种常用的社交软件,不仅是人们日常交流的网络平台,也是最常使用的社交媒体之一。人们通过微信与亲朋好友保持联系,职场人员也可以通过微信进行文件传递和协作沟通。作为新媒体技术的一部分,高校可以充分利用微信平台进行校园文化建设和宣传,实现信息传播的目标。高校可以构建微信公众号并设置相关栏目,方便学生浏览和阅读。高校可以编辑微信公众号的菜单,并在设计过程中增加内容的娱乐性和互动性,在展示校园中发生的新鲜事、讲述感人故事,或者呈现社会热点新闻的同时,让学生在评论区进行讨论,实现与学生的互动。在微信公众号的内容选择上,高校需要确保内容具有积极性,能够传递正能量。在编辑微信公众号文章时,需要设计符合网络语言特色的版面风格,以迎合当代大学生的喜好,促使广大学生与作者互动。该微信公众号应不断地推送高校学生感兴趣的细分内容,比如继承红色文化传统,以网络语言风格描述红色文化内容,与时代接轨,更好地教育学生。

微博是全国网友互动的平台,也能接收国外的消息,而抖音和快手作为新兴的短视频平台,拥有庞大的用户。学生在这些平台上不仅可以观看娱乐内容,还能接触到社会新闻,大大地拓宽了他们的视野。如今,网络社交平台与大学生的日常生活和学习密切相关，高校应该抓住这个机遇，利用网络社交平台来宣传校园文化，发挥网络平台的优势。高校可以建立自己的微信公众号，通过微信公众号不定期地发布与校园文化相关的文章和图片，学生通过阅读和观看微信公众号内容，会在潜移默化中通过这个平台接受教育。高校还可以建立自己的短视频账号，定期发布关于校园文化的视频。例如，可以播放红色影视剧的片段，让学生在欣赏影视剧艺术的同时，真正体会红军艰苦奋斗和永不言败的精神，以此提高学生的精神品质。此外，高校还可以建立自己的微博官方账号，在微博平台上发布高校中的好人好事。通过宣传榜样行为，树立良好的校园环境和校园风气，培养其爱国主义精神。

综上所述，高校应充分利用微博、抖音、快手等网络社交平台，以及建立微信公众号、短视频账号和微博官方账号等方式，来进行校园文化的宣传和传播。通过多样化的内容形式和平台选择，能够更加高效地促进校园文化的传播与发展。

3. 构建网络管理机制

为了有效地推动网络文化传播，高校应加强网络管理工作，建立网络管理机制，以确保网络安全。为此，高校需要设立专门的网络管理部门，并投入适当的资金，选拔合适的网络管理者。网络管理者不仅需要具备高度的政治觉悟，还应具备强烈的责任感，能够与时俱进地胜任这一职责。高校的网络管理者应承担网络监督和管理工作，及时地宣传相关的国家政策和方针。同时，他们还应确保日常网络维护工作的顺利进行，以保障高校网络环境的安全，防止信息丢失等问题的发生。

4. 打造校园影视文化

在高校校园文化建设过程中，影视文化建设是一个颇具优势的打造方式。影视文化以其直观和形象的特点，在校园文化宣传中发挥着重要作用。它具有丰富的传播形式，同时兼具娱乐性，深受高校学生的喜爱。高校可以借助自身的广播电视台基地来承载影视文化传播,并在专业教师的指导下,让学生积极参与其中。例如,鼓励学生参与微电影制作,让他们发挥想象力,培养其创新精神。学生可以担任微电影的编剧、导演、摄影师、演员等不同角色。通过微电影,不仅可以宣传校园文化,还能提升学生的思维能力,让他们体验艺术创作的乐趣。除了微电影,还可以通过短视频、主题片等形式来宣传校园文化,让更多人了解高校的文化特色。

在校园文化建设过程中,影视作品创作是主要形式之一。可以通过影视作品阐述高校中感人的故事,以增强学生的社会责任感。在影视作品创作中,还可以重新演绎红色经典。组织学生进行红色故事的演绎,编写剧本并进行排练,将其拍摄成电影,在高校的演播室播放。通过影视作品的传递,实现对高校学生的文化培养,构建正确的价值观,传播和弘扬红色文化。

此外,高校还可以将学生拍摄的影视作品上传到各大平台,比如微信、抖音、优酷等,扩大作品的影响力,发挥文化育人的作用。总之,在高校校园文化建设中,借助影视文化的形式能够广泛传播校园文化,通过丰富的影视作品创作,包括微电影、短视频等形式以及重新演绎红色经典,培养学生的创新精神和红色精神,同时扩大文化影响力,实现文化育人的目标。

第二节 高校校园文化建设的特征与目标

一、高校校园文化建设的特征

随着时代的变迁和发展,高校校园文化建设工作也必然会经历不断的变化和进步。因此,我们需要不断地为高校校园文化注入全新的内涵,以实现文化育人的目标。但是不论高校的校园文化发生何种变化，它都具有以下基本特点。

（一）独特性

每所学校的校园文化都拥有其特色，且内涵丰富、多样化。这与学校所在地的地理位置、文化传统、经济背景等密切相关，因此形成了每所学校独一无二的校园文化。从校园内部的建筑风格到学校的办学理念和育人方式，都展现出其独特性。

（二）时代性

校园文化是时代的产物，且具有鲜明的时代特征。例如，20世纪末期，校园文化以"面向世界"为主题。如今的21世纪，校园文化的主题则更多地强调"和谐校园"这一主题。这表明校园文化建设与时代紧密相关，因此我们需要深入分析时代特征，以便更好地进行校园文化建设。

（三）创新性

创新是国家和社会进步的源泉，而校园文化建设也需要具备创新性特点才能真正实现进步。高校在校园文化建设过程中，需要长期积累和总结经验，不断地培养学生的创新精神。在日常校园管理工作中，创新应成为主要手段，这样才能不断地优化校园文化建设的形式、教育方式和内容，继而有效地培养高校学生。

因此，校园文化建设工作应紧跟时代的步伐，不断地扩展和发展。通过注入新的内涵和思维方式，高校可以创造更具有时代感和创新性的校园文化，以更好地育人为目标。这将有助于塑造高校学生积极正向的价值观，培养他们的创新能力和社会责任感，为社会的进步和发展做出积极贡献。

二、高校校园文化建设的目标

现阶段,高校在日常办学工作中的主要目标是为了对学生进行培养,同时实现文化的传承。高校的校园文化建设工作十分关键,只有做好校园文化的构建工作,才能为后续的校园文化活动开展奠定基础。为了让校园文化建设工作变得更加科学,应提前设定校园文化建设目标。只有这样才能为高校的进一步发展指明方向,实现对高校校园文化建设。

(一)构建高校校园文化育人体系

高校作为育人的重要机构,在教育新老学生时,需更加注重对学生德育的培养,除了传授专业知识和文化知识,校园文化的渗透也是必要的。高校在校园文化建设过程中,应不断地增强文化自信,构建全面的校园文化育人体系,从而通过文化育人工作提升学生的道德品质。在构建校园文化育人体系时,需要整合高校资源,打造创新的校园文化育人模式。同时,结合网络技术与校园文化育人工作,通过线上与线下相结合的方式,推动文化育人的全面发展。

高校应整合各方资源,形成统一而系统的校园文化育人体系。学校可以依托自身的学科专业优势,整合教师、学生社团、校园组织等多方力量,共同开展文化育人工作。通过形成协同合作的机制,将各类资源进行有机融合,为学生提供多元化的文化育人体验。高校应积极探索创新的校园文化育人方式,借助信息技术和互联网平台,开展线上文化育人活动,比如线上展览、讲座、文化交流等。同时,也要保持线下互动与体验,比如举办校园文化节、艺术展示、文化沙龙等活动,让学生积极参与其中,感受校园文化的魅力。

此外,高校还应注重培养学生的文化自信心,通过开设相关课程或专题讲座，引导学生了解和认同自身文化传统的价值，增强对国家文化的自豪感和认同感。同时，积极引导学生参与文化交流和传承活动，培养他们的文化自觉和文化责任感。高校需要加强对校园文化育人成效的评估与反馈。通过定期评估学生的道德品质、文化素养等方面的发展情况，及时调整和改进文化育人策略。另外，通过开展学生问卷调查、座谈会等形式，征集学生对校园文化育人工作的意见和建议，并不断地完善校园文化育人体系。

总之，高校应以全新的思维方式和创新精神，构建具有时代特色和高校特色的校园文化育人体系。通过整合资源、创新方式、培养文化自信心以及评估反馈，高校能够更好地实现对学生的全面培养和发展。这样的校园文化育人体系将为学生提供广阔的发展空间，培养他们成为具有高度文化素养和道德情操的新时代人才。

（二）创新高校校园文化德育路径

高校在构建创新的校园文化德育路径时，需要明确具体的目标和实施策略，以确保德育工作的有效落实。高校的领导者应该深入了解党和国家的教育政策，并将其融入校园文化建设中，以实现对学生道德品质的培养目标。校园文化对学生的影响是在日常生活中渗透的。通过校园文化的熏陶，可以引导学生形成正确的价值观念和行为习惯，推动德育工作的开展。为了让学生积极参与其中，高校应提供丰富多样的校园文化活动，使学生每天都有机会体验和参与其中，从而有效促进德育工作的开展。

高校在校园文化建设中，可以融入爱国精神、红色精神、勤奋好学、团结友爱等道德素养。通过这些文化元素的渗透，既可以丰富校园文化的内涵，又可以有效地提高学生的道德品质。校园德育文化的创设不仅可以进行思想引导和情感感染，还能培养学生的意志品质，使其树立正确的思想观念，形成高品质的人格，并提升学生的综合素质。

为了促进德育工作的开展，高校可以通过多种路径进行校园文化建设。例如，在特殊节日开展校园活动：端午节活动可以让学生学习屈原的爱国精神，表达对屈原的哀思；中秋节活动可以加强学生对亲情的重视，培养孝顺的品质；清明节活动则可以表达对祖先的思念，培养学生的感恩之心。此外，高校还可以通过军训活动培养学生坚韧不拔的精神，锤炼学生的意志力。社会实践活动、扫墓活动等也是实现德育工作的有效路径，通过这些活动，形成的良好校园文化氛围，有助于培养高校学生的道德品质，引导他们形成正确的三观。

因此，高校在创新校园文化德育路径时，需要有明确的目标和策略，需要注重学生的参与度和体验感，融入多种道德素养，构建丰富多样的校园文化活动，并通过特殊节日、军训、社会实践等多种途径，实现对学生的德育培养。这样的创新路径将有助于高校学生形成正确的价值观和道德观念，提升他们的综合素质，使其成为德智体美劳全面发展的新时代人才。

（三）提升高校人才培养质量

高校在提升人才培养质量方面有着重要责任和使命。校园文化建设作为培养人才的一种形式，可以通过熏陶学生的方式，在学习的同时提升他们的个人素质，培养其道德品质，从而提高人才培养的质量。高校作为国家人才培养的重要阵地，应当积极履行自身的责任，为提高学生的德育教育水平不断努力。

在校园文化建设中，高校可以采取多种方式来提升学生的素质。首先，校园文化应注重对德育教育的融入，通过文化活动、课程设置等方式，引导学生形成正确的道德观念和行为习惯。其次，校园文化活动可以设置爱国、奉献、团结、诚信等主题，培养学生的社会责任感和集体意识。再次，高校可以通过开展志愿者服务、社会实践等活动,让学生参与社会实践,增强他们的社会责任感和实践能力,培养出具有责任心和创新精神的人才。最后,高校还可以开设相关课程,比如道德与法治教育、公民道德与社会伦理等,引导学生树立正确的人生观和价值观。

人才培养的质量是需要从多方面进行评价的。高校应注重培养学生的耐心、团结精神、意志力、勇敢、坚强和不怕困难等品质。耐心和坚韧的品质使学生在面对困难和挑战时能够保持冷静;勇敢和坚强的品质使他们敢于追求梦想并克服障碍;团结可以增强学生的合作意识和团队合作能力,使他们能在团队中互相支持和协作;意志力的培养则能使学生具备自律、自控的能力,坚守初心,不断地追求个人的成长与进步。

通过校园文化建设和进行多种品质的培养,能够提升人才培养的质量。这种综合性的培养模式将使学生更具竞争力,无论遇到多少困难和挑战,都能勇敢面对,继而成为一名全面发展和具备高尚道德品质的杰出人才。

第三章 高校校园文化育人的要素及机理

第一节 高校校园文化的育人要素及路径

一、文化育人要素

文化育人是高校思想教育的一种方式,它具有自身的主体、客体、媒介和环境,这也是构成文化育人的四种要素。这四种要素之间,需要相互配合才能够相辅相成,构成一个稳定的文化育人体系。一般来说,文化育人工作主要就是将文化价值进行主体化,从而达到育人的目的。文化能够对人的思想产生非常大的影响。利用文化来进行育人工作,符合基本的育人条件。在高校文化育人的四种要素中,育人的主体就是教育者,客体要素指的是高校学生,育人的媒介指的是校园文化载体,而育人环境指的是高校的校园文化环境。在高校文化育人的过程中,这四种要素一个也不能少,它们都是实现育人的基本要素,而且每一个要素都无法单独存在,需要彼此之间相互作用才能最终实现文化育人的目的。

（一）主体要素——教育者

在高校的文化育人过程中，教育者是主体要素，包括高校的管理者和教师。他们负责对高校学生进行思想教育，是实施文化育人的关键人物。教育者既可以是高校教职工，也可以是具备教育功能的组织成员，他们承担着重要的教育使命。在日常的教育实践中，教育者会将社会的基本要求和思想道德准则灌输到学生的思维中，引导学生转变思想观念，达到文化育人的目标。

教育者要具备一定的特质和能力。首先，教育者需要具备文化自信，只有这样才能有效地传递文化教育的价值观，让高校学生的思想受到积极影响，实现文化育人的目的。其次，教育者应当具备深厚的文化素养和价值观，能够发挥文化育人的功能，为学生提供有意义的教育体验。最后，教育者还应具备文化引领的能力，通过明示和暗示的教育手段，引导学生形成正确的思想观念和行为习惯。

教育者在文化育人过程中扮演着重要角色。他们通过言传身教，将文化理念融入教育实践中，培养学生的道德品质和综合素养。教育者应当注重培养学生的创新精神、批判思维和问题解决能力，引导学生积极参与学术探究和社会实践。教育者还应关注个体差异，根据学生的特点和需求，因材施教，促进个体全面发展。教育者应当激发学生的学习兴趣和自主学习能力，引导学生树立正确的人生观和价值观，以培养学生的自信心和社会责任感。

教育者作为高校文化育人的主体要素，肩负着重要的教育使命和责任，他们的努力和付出将直接影响高校人才培养的质量。

（二）客体要素——学生

在高校的文化育人工作中，学生是其中的客体要素。文化育人的客体要素包括人客体和物客体，前者指的是学生，后者指的是思想教育工作中的具体内容和方法等。高校的文化育人目标是对学生进行培养和塑造,因此教育者与学生之间应建立平等、尊重的关系,以开展有效的文化育人工作。教育者需要深入分析学生的基本特点,了解他们的学习规律,从而有效地引导他们,实现个人的全面发展。作为大学生的高校学生具有明显的特点,他们能深度理解先进的文化内容,并根据自己的思考做出判断。此外,高校学生具有较强的可塑性,能够受到文化环境的影响和改变。在教育者的引导下,高校学生可以受到校园文化的熏陶,朝着积极主动学习的方向发展,实现文化育人的目标。每个学生的性格和兴趣爱好各不相同,而教育者的教育方法和校园环境都会对学生的个体发展产生重要影响。因此,教育者应根据高校学生的个人爱好和性格特点,采用相应的教育方式,让学生在自己感兴趣的事物上得到发展,并在此基础上进行文化教育,以取得良好的育人效果。

高校学生作为文化育人的客体要素,其在培养过程中应被视为主体,并被赋予积极参与的角色。教育者应尊重学生的主体性,鼓励他们自主思考、自主学习,并给予充分的支持和指导;应培养他们的创新精神、批判思维和问题解决能力,使他们能够积极地参与学术探究和社会实践,从而培养其创新意识和实践能力。以学生的需求和发展为导向,可以实现更有效的文化育人工作,这样的文化育人工作能够帮助高校学生全面成长,使其拥有良好的道德品质、创新能力和社会责任感。

(三)媒介要素——文化载体

在高校的文化育人过程中,媒介要素指的是文化载体。文化载体并非静止存在的,而是需要在实践教育中不断地得以应用。例如,文化育人活动就是一种文化载体,它通过开展各类文化活动来达到育人的目标。此外,媒体新闻、影视剧、报纸、网络文章等也属于文化载体的范畴。在我国科技快速发展的今天,网络也已成为主要的文化传播媒介。

要成为有效的文化载体,需满足四个条件:(1)应具有一定的文化价值和教育价值;(2)应能够实现文化主体和客体之间的信息传递;(3)教育者应能够对其进行控制和引导;(4)应具备引导人们的功能。

文化载体的形式多种多样,课堂教学、高校管理和校园活动等形式都可以作为文化载体,通过多种文化载体进行育人工作,将会获得巨大的育人成效。

高校教育者还可以将文化育人工作融入各类文化活动中,比如音乐、书法、绘画、影视剧等。同时,图书馆、博物馆、纪念馆等场所也可成为育人工作的场景,进而丰富文化载体的多样性。通过多样化的文化载体和活动,教育者能够更好地引导高校学生成长和发展,培养他们的艺术修养、审美情趣和综合素质。值得注意的是,教育者在选择和应用文化载体时应考虑学生的特点和需求,以确保育人工作的有效性。同时,要密切关注文化载体的时代性和适应性,可以充分利用先进技术手段,以创新的方式传播和应用文化载体,激发学生的学习兴趣和参与度,进一步提升高校文化育人的效果。

(四)环境要素——文化环境

在高校的文化育人过程中,环境要素指的是文化环境。文化环境是育人工作中的基本要素,所有的教育工作都无法离开环境要素,特别是在文化育人的过程中,环境要素扮演着非常重要的角色。文化环境能够深刻地影响人们的思想和行为,积极的文化环境能够培养人们的乐观心态,而消极的文化环境则会影响人们的情绪和心境。因此,我们需要致力于构建良好的文化环境,将积极正面的文化内容传递出去,以确保文化育人的对象受到积极的影响。文化育人的物质环境指的是高校的外在空间,包括建筑物、花草、树木、宿舍、体育场等各种物质元素，它们共同形成了一种独特的物质文化环境。此外，高校的文化环境还包括自身所处的地理环境，其中地域文化为育人环境提供了特定的背景。

需要注意的是，教育者在构建文化环境时应考虑到学生的特点和需求，以创造与学生发展相契合的环境。同时，高校也应注重营造积极向上的文化氛围，培养学生的创新意识、合作精神和社会责任感。这些可以通过丰富多样的文化活动、文化艺术展示以及引导学生参与社会实践等方式实现。通过营造积极的文化环境，高校能够为学生提供良好的成长平台，促进他们全面发展和积极向上的成长。另外，教育者还应通过不断创新来改进文化环境，为学生提供更具有启发性和激励性的育人环境，以培养具有创造力、适应力和责任心的新时代人才。

为了增强学生的专业技能，高校通常会与周边的企业合作，为培养人才提供实践机会。在企业实习的过程中，高校学生也会受到企业文化的影响，企业的文化建设会给学生带来思想上的启发，包括提供的物质环境、人文环境、职场氛围和创业氛围等，都会对学生产生影响。此外，社会中的流行文化也会对学生的思想产生影响，尤其是在这个网络发达的时代，信息传播十分迅速，学生可以通过网络了解世界。除了网络新闻、娱乐节目、歌曲歌词等内容会对高校学生的思想产生影响外，学生在网络上还会接触到多样的外来文化，这不仅能开阔学生的视野，还会对他们的思想观念产生影响，使他们在接触多元文化的同时潜移默化地影响他们的价值取向。在进行文化环境分析时，需要注重对中华优秀传统文化进行研究。中华优秀传统文化经历了几千年的演变，对中国人民产生了深远的影响。中华优秀传统文化强调诚实守信，将人民视为国家发展的根基。它代表了中华民族的精神风貌，也是历代劳动人民智慧的结晶。

此外，高校自身的发展历史和精神也会对学生的思想产生影响。高校文化是在中华优秀传统文化的基础上形成的，由高校的管理者、教育者和学生等主客体在日常的教育、学习和生活中逐步发展而来。因此，学生在日常的学习和生活中需要继承高校自身的文化素养和精神内涵，传承高校文化。

二、文化育人路径

（一）文化要素的传承

在高校的文化育人工作中，注重文化要素的传承至关重要。在文化学习的过程中，我们需要学习和传承先人留下的文化思想，以此为根基不断进行创新。这需要我们具备鉴别能力，善于发扬优点，舍弃短处，有选择地传承文化，从而通过优秀文化实现文化育人，为我们创造更多的精神财富。因此，在高校的文化育人过程中，我们需要重视文化要素的传承工作。高校教育者应该思考如何充分利用中华优秀传统文化来达到育人的目标，如何深入剖析和挖掘中华文化的内涵，把文化活动作为育人的载体，设计相关课程和文化活动，以实现对高校学生的思想教育。

在文化育人的过程中，可以采取多种形式，比如古诗词朗诵、介绍和参与传统节日习俗等，以实现传承优秀传统文化的目标。此外，高校还应整合自身在长期发展中所积累的文化资源，并结合教师的日常工作经验，进行总结和归纳，将高校自身的精神文化融入文化育人工作中，实现对高校学生的教育。高校还应注重打造自身的文化标志，有效地传承和创新发展文化要素。

总之，在高校的文化育人工作中，重视文化要素的传承是至关重要的。通过深入挖掘中华传统文化、结合传统节日、开展多样化的文化活动以及整合高校自身文化资源，我们可以实现对学生思想的教育和培养。这将有助于提高学生的文化素养，并为他们塑造正确的、积极向上的价值观和行为准则。

（二）环境文化的营造

为了实现文化育人的目标，高校应注重打造良好的环境文化。一个人性格的形成与其所处的环境密切相关，因此，创造良好的环境对于学生性格的塑造和教育来说至关重要。高校的物质环境是环境文化的一部分，也是高校文化环境的外在表现，是高校的标志之一。世界上许多名校都具备独特的物质文化环境特色，比如艺术氛围浓厚的名人雕塑、古老建筑的古朴韵味和富有阅读氛围的图书馆等。高校在打造物质文化环境方面投入的大量心力和资金，不仅是为了美化校园，更重要的是为了营造良好的文化氛围，实现环境育人的目标。

高校可以通过雕塑与学生进行"对话"，利用校园墙壁进行文化展示，或者根据当地的地域文化进行校园物质环境的建设，使其与当地的自然特色融为一体，或者设计具有标志性的建筑，使其成为校园著名的人文景观。高校的建筑不仅是提供学习和生活的场所，还应具有一定的文化意义，让学生能够对其产生文化认同感，从而使高校的物质文化建筑更具意义。高校不仅是学生学习的主要场所，也是他们的精神家园。因此，高校需要注重人文景观建筑的设计和建设，以实现物质文化环境育人的目标。

以 A 大学为例进行分析，该校在日常的物质环境建设中特别注重建筑物的文化属性。比如文学院的教学楼具有古朴的建筑风格，让学生能够感受到教学楼的文化底蕴，而教育行政学院楼的建设则环绕着青松，给人一种轻松的感觉。该校对图书馆的建设格外重视。图书馆是学生学习的重要场所。该校的图书馆地理位置位于学校中最高处，体现了学校将知识学习置于重要位置的教育理念。图书馆的外观主要采用圆形和方形的形式建造，从远处看，宛如一本书，与图书馆的功能相得益彰。这样的设计既展现了图书馆的书香气质，又具有一定的创意，深受学生的喜爱。该校的图书馆规模宏大，馆藏图书种类丰富，数量庞大。图书馆内部不仅设有传统的书架和摆放整齐的各种图书，还引入了高科技元素——机器人在关键路口为学生提供引路服务，计算机设备支持学生进行网络查阅。这样的设计使得图书馆既拥有古典的读书氛围，又融入了现代化的高科技元素，极大地激发了学生的学习热情。

高校人文景观的建设还应与大学校史相结合，可以设置石碑来纪念建校的事件，或通过人物雕塑来纪念高校的创始人，突出高校的历史文化底蕴，形成高校的物质文化环境，对学生进行文化熏陶。但是，人文景观设计应与学校自身的特点相结合，才能营造出良好的物质文化氛围。以美国斯坦福大学为例，该校在校园内特别建设了胡佛纪念塔，该纪念塔的建立既是为了纪念斯坦福大学建校，也是为了纪念美国的胡佛总统。在胡佛纪念塔中，特别记录了胡佛的生平和功绩，让学生能够了解他所做出的贡献。

在物质文化环境建设过程中，高校可以让学生参与其中，集思广益，为管理者提供更多好的想法。例如校友捐石、捐树也是一种方式。它能够增强高校与学生之间的联系，形成家一样的校园文化氛围，让学生更喜爱这所学校，提高学生与学校间的凝聚力。此外，高校还需要注重基础设施建设，满足学生最基本的需求。只有在满足基础设施条件后，才能开展物质文化环境建设，为学生提供最基本的学习和生活保障。

校园基础设施的打造也是物质文化环境的一部分。学校可以在校园中的树下设置木质长椅，并在长椅前放置木桌，让学生在凉爽的环境中坐在长椅上阅读，为学生带来良好的学习体验。

（三）主体性文化的归位

在文化育人工作中，需要重视主体性文化的回归。高校是大学生学习的重要场所，学生是高校人才培养的对象。为了实现文化育人的目标，高校应尊重学生自身的意愿，让他们积极主动地参与校园文化活动。例如将"以人为本"作为文化育人的基本原则，将"重在参与"作为学生活动的校园风气，能够激发学生的参与热情，取得良好的育人效果。

与此同时，高校需要建立相关制度，制定完善的文化活动规范，设立激励机制，鼓励全体学生积极参与。比如高校可以支持学生创办社团，并提供财力和物力支持。此外，教师在文化育人中扮演着重要角色，他们的素养对育人效果起着决定性的作用。高校应加强师德方面的培养，持续提升教师的教学技能。

校园活动是高校文化育人工作的重要形式之一，可以为学生提供实践机会，增加他们的归属感。首先，校园活动具有服务性的特点。高校文化育人的主要目标是学生，而校园活动能够作为课堂教育的补充，可以让学生在多个方面得到成长和进步。其次，校园活动具有交互性的特点。它既能促进学生之间的互动，也能让学生与社会互动，丰富他们的阅历。最后，校园活动还具有活泼性的特点。校园活动的活泼性特点，是指它能够根据学生的兴趣选择活动内容，提高学生参与的积极性。通过校园活动可以让学生的大学生活变得精彩，引导他们形成良好的行为习惯，提升自律感，从而帮助学生形成行为规范，提高个人素养。

高校在校园活动开展过程中，需要增强学生的仪式感。可以通过升旗仪式、学生表彰大会等形式进行文化育人。通过有仪式感的校园活动的开展，不仅能帮助学生塑造正确的思想观念，维护共同信仰，增加身份认同感，适应大学生活，同时也能为学生创造情感体验，产生情感价值。高校还可以设计能够表达高校发展愿景的仪式活动，如迎新晚会、各种典礼等，利用仪式活动进行大学生教育。

高校管理者应意识到仪式活动的价值，并根据自身的实际情况进行研判后再实行。同时，高校还应重视历史传统的传承工作，以增强学生的自豪感，并使之树立文化自信。为适应时代的发展，高校应注重创新校园仪式活动，同时传承历史文化。在校园活动设计中，应体现学生的主体地位，并让学生在活动中感受到自身角色的情感和责任。此外，高校还需在仪式活动内容中增加艺术元素的渲染，调动学生的情绪，让其感受到仪式活动的庄重，并产生情感共鸣。

以 B 大学的迎新晚会为例。为迎接新生入校，B 大学准备了主题为"新时代、新风气"的迎新晚会。晚会用 LED 大屏幕展示了学校的办学成果，让学生全面地了解学校的发展历史、教师成就和往届学生的风采，增强新生对学校师资力量的信心。在迎新晚会中，该校安排了高年级学生表演节目，欢迎新生的到来，同时让新生展示才艺，提高他们的参与感。归属感、认知需求和自我实现需求，在迎新晚会中满足这些需求可以达到一定的文化育人效果。

为了满足学生的多种需求，高校需要建设与学生息息相关的内容，以引发学生的共鸣。例如，北京大学在校园内建设了燕园，供学生散步放松心情。夏季，学生可以躺在草坪上感受阳光和大自然的美景；还可以在宁静的环境中阅读、弹吉他、唱歌，享受校园生活的宁静和美好。此外，北京大学还建设了未名湖，其具有重要的象征意义，湖水碧波荡漾，展现了北大学校的厚德载物的精神。校园内的博雅塔非常壮观，体现了北大学子的阳刚之气。

除了校园环境，高校还应将学生视为文化建设的中心，满足他们的认知需求。为了打通学生的认知通道，高校应制定适当的规章制度，让学生对校园文化产生认同感，以取得良好的育人效果。高校学生是校园活动的主体，他们具有独立性和主动性。通过参与校园活动，学生能够反思自身的不足并提升学习动力，同时，发挥高校校园文化育人的作用。高校应让学生成为校园文化的学习者和传承者，要求学生端正学习态度，规范语言和行为，建立良好的学校风气。而学生的良好行为会对整个校园文化起到重要影响，并成为校园文化的一部分。

（四）开放性文化的融入

高校在校园文化育人工作中需要融入开放性文化，开放性文化对高校学生的思想和行为都会产生重要影响。例如，高校可以引入企业文化、行业文化和世界文化，让学生接受外界思想的熏陶，从根本上改变他们的思维定式和行为模式。在融入相关文化时，不能简单地照搬全抄，而应结合学生的自身特点，符合高校的办学宗旨，以增强文化育人工作的效果。无论引入的是社会上的思想观念还是高校教育者的价值观，都会对学生的思想产生影响。因此，高校管理者需要坚持一定的原则，具备主流思想观念，避免对学生思想产生负面影响。高校管理者需要协调主流文化和流行文化之间的关系，让学生在主流文化的基础上追求流行文化中的真善美，并通过正确的思想来鉴别流行文化中的假丑恶，在追求个性的同时懂得分辨是非。

在面对外来文化时，需要辩证地看待：优秀的外来文化可以融入校园文化建设中，供学生学习，而对于那些不良的外来文化，高校管理者应进行阻拦和屏蔽，避免其在校园文化中出现。同时，高校还应渗透中华优秀文化，帮助学生树立民族文化自信，增加民族文化的吸引力，为学生打造美好的精神家园。

校园文化建设可以为学生创造美好的环境，培养良好的人际关系，促进学生之间的和谐相处。高校是学生日常学习和生活的场所，也是学生的精神家园。高校需要创建良好的舆论环境，利用广播站、公示栏、微信公众号等平台进行舆论引导，让学生形成正确的思想观念，提升学生的道德素养，达到育人目的。

在此过程中，高校可以依靠学生社团开展多种活动，包括学习、表演和文化活动等，让学生参与自己喜欢的事情，促进学生的全面发展，提升他们的归属感，丰富他们的精神世界，在助力高校校园精神文明建设的同时，促进社团成员之间的情感交流，打造和谐校园。

第二节　高校校园文化育人的机理、要求与实例

一、文化育人的机理

机理是多种要素之间的相互练习和运行规律之理论。对于高校校园文化育人来说，其机理可以从组成要素、内在逻辑以及运行过程三个方面进行分析。

（一）组成要素

文化育人的组成要素包括主体、客体、内容和载体四个方面。在高校内部，文化育人的主体是学校管理人员和教师。学校的管理人员负责设计和实施校园文化建设，并向教师传达文化育人的思想、方针和政策。高校的后勤人员也是属于学校的管理人员，他们负责校园环境的建设、创造物质文化环境、对学生的思想和行为产生影响。教师则承担着对学生进行文化教育的责任，使学生能真正接受校园文化的熏陶，改变他们的思想。教师在文化育人过程中起着引领作用，扮演着重要角色。文化育人的客体是学生，也就是受教育的对象。通过主体的文化教育，学生能够形成正确的思想观念，达到价值认同，并表现出正确的行为。文化育人的内容丰富多样，包括传统文化、校园精神、校风校纪等方面。

这些内容的传递和弘扬对于学生的思想塑造和行为规范具有重要意义。文化育人的载体包括校园内部的物质环境，同时也包括校园的软文化和实践活动。通过不同形式的载体，将校园文化输出给学生，有助于提升教育和培养效果。

（二）内在逻辑

在高校的文化育人工作中，内在逻辑非常重要。它涉及建立主体和客体之间的关系，融合育人内容，并通过育人载体进行有效传播，以实现育人目标。主体和客体的构建应遵循矛盾转化原理，即避免单一化和标签化。只有不因为关注其中一方而忽视另一方，才能有效地进行文化育人工作。高校需要清晰地理解校园文化育人工作中主体和客体之间的逻辑关系，并以学生的思想教育工作为引领，使学生能够融入校园文化。只有充分结合校园文化育人的主体和客体，才能发挥文化育人的功能。校园文化是静态的，高校教育者应利用相应的载体将这种静态文化进行传播，从而使静态校园文化变为动态。在网络快速发展的今天，高校管理者可以借助网络技术进行校园文化传播，实现更广泛的传播效果。

（三）运行过程

高校的文化育人工作可分为三个阶段。

第一阶段是顶层设计阶段。高校领导需要进行校园文化的规划和育人方案的设计，为后续实施工作奠定基础。在此阶段，高校管理者应确保顶层设计科学合理，并注重各个育人环节的细节设计，以确保文化育人工作有一个良好开端。

第二阶段是实施阶段。这是高校管理者将具体的育人方案细化，并进入实施的阶段。在这一阶段，高校各部门需要密切合作，将任务分配给具体人员，以提高执行力，确保育人工作计划得以落实。例如，学校的团委可以负责学生会工作，利用学生会进行校园文化的宣传。在审核宣传内容时，校方应根据国家政策要求进行审批，以确保宣传内容合规，对校园文化宣传的内容进行有效控制。

第三阶段是反馈与调整阶段。这个阶段是对校园文化育人工作进行反馈和评价，明确工作中的不足之处，并进行适当的调整。同时，进行监督和检验，反映存在的问题，以达到育人目标。

这三个阶段形成了一个连续的运行过程——通过顶层设计、实施和反馈调整，不断地完善和提升高校的文化育人工作。这样的运行过程有助于确保育人工作的顺利开展，可以有效地实现对学生的思想教育和全面发展。

二、文化育人的要求

（一）构建特色校园文化，培育有德、有才之人

在高校进行文化育人工作时，注重建立特色的校园文化是培养有德、有才之人的关键。当前，我国与世界各国之间的国际友谊关系非常密切，国家间的交流日益频繁。同时，随着网络环境的发展，外国文化对中国文化产生了巨大冲击。因此，高校更需要注重弘扬中华优秀传统文化，使中华优秀传统文化和校园精神成为校园文化的主导，真正地实现对高校学生的思想培育。在高校校园文化建设中，需要分析本校的情况，设计独特的文化特色，应将社会主义核心价值观与校园文化相结合，形成自身的特色。例如，农林类院校应将"三农"融入校园文化；医学类院校需将救死扶伤的精神融入其中，提高医德教育；理工类院校应将求真尚行的精神融入校园文化，培养学生的实践能力和求知精神。各高校可根据自身特点创设与学生更加接近的校园文化，这样不仅能为学生塑造正确的价值观，提升职业素养，还能激励学生学习，促进其全方位发展。为了贯彻立德树人的教育要求，高校应将育人

作为根本，引导学生树立正确的学习态度，提高职业道德。

（二）抢占网络育人高地，唱响时代育人主旋律

在校园文化育人工作中，发挥网络技术优势、打造新型媒体平台非常重要。移动网络应成为思想传播的主要阵地，以实现文化的传递并为人民服务为根本。为了实现良好的育人效果，高校应充分利用网络技术，通过网络渠道开展育人工作。然而，网络上存在的信息是海量的，学生很难辨认信息的真伪，这会影响他们思想观念的形成。因此，高校管理者需要加强网络安全管理，将网络平台打造成校园文化宣传的重要阵地，为了确保校园网络文化内容的高质量，需要建立完善的管理制度，加强对网络内容的管理、审核和监督，为后续的校园文化宣传工作打下基础。

同时，应重视网络文化产品的创新工作，努力打造高校内部的文化品牌，形成独特的高校文化资源，用于学生的思想教育。此外，还应挖掘和整合高校网络育人资源，让更多育人主体参与其中，促进文化领域的合作。学生也可以参与其中，成为校园文化建设的主要力量，为校园文化育人工作做出贡献。通过这些努力，能够唱响时代育人的主旋律，实现校园文化育人的目标。

（三）强化高校之间的交流，学习并传播优秀文化

为了实现校园文化育人的目标，高校还应强化高校之间的交流，促进多个育人平台之间的合作，从而获得更多创新想法，这样才能进行经验交流，提高文化育人的质量。高校可以充分利用新媒体技术，进行不同地区、院校之间的经验交流，打破空间限制，实现文化的联动。同时，在进行高校文化育人交流时，需要分析所处地域的文化特色和资源特点，包括自然资源、人文资源、

地方风俗等，尽量将其融入校园文化，以实现文化育人的多样性。

高校还可以将当地的社会文化融入校园文化中，充分发挥地方资源的优势，增强学生对校园文化的认同感，培养学生的文化自信心。当高校之间完成校园文化建设经验的交流后，可以将这些经验带回学校有效地优化先进经验后加以实施，以真正地实现育人目标。

（四）构建校园育人机制，奠定文化育人根基

高校在开展校园文化育人工作时，应建立科学的育人机制，使育人方法与时代接轨，采用多元化的育人方式，以帮助高校学生通过多方面的途径理解校园文化，实现文化育人的目标。建立长期有效的文化育人机制是必要的。它可以为文化育人工作奠定坚实的基础。在校园文化育人的设计阶段，高校应将培养学生的道德素养作为总体目标，并制定相应的管理制度、激励制度和监督评价制度，为后续的育人工作提供保障。在构建育人机制的过程中，高校应加强与其他部门之间的合作，确保机制得到全方位的落实。

构建校园文化育人机制不仅能达到教育学生的目的，还能有效地保护学校内的建筑物，充分挖掘学校的历史文化，并促进对学校的历史文化进行宣传。此外，还应丰富校园文化的内容，通过多种实践活动培育学生，让学生的校园生活更加充实和愉快。在文化育人的反馈阶段，应建立科学的评价机制，对校园文化活动的成果进行检查，找出不足之处，并加以改进，从而提高校园文化育人工作的科学性和全面性。这样才能持续改进并确保校园文化育人工作的质量和实施效果。

三、校园文化育人案例——以 A 县职教中心为例

（一）设定校园文化建设目标，共筑文化育人的美好愿景

校园文化建设是 A 县职教中心校园建设的重要组成部分，属于学校建设规划的重点内容。A 县职教中心的管理者应明确学校的特点，并提出相应的校园文化建设指导理念，从而有效构建教育者心中的共同愿景，形成强大的精神动力。A 县职教中心的校园文化建设理念内容非常丰富，包括学校的发展目标、团队建设目标、学生培养目标、校训、校风、教风、学风等方面的内容。

表3.1　A 县职教中心校园文化建设的理念

序号	文化理念	具体内容
1	学校发展目标	学校办学方向、文化引领、服务精神
2	团队建设目标	构建双师队伍
3	学生培养目标	培育德才兼备之人
4	校训	品德高尚，认真学习
5	校风	博爱、务实、创新
6	教风	自律、奉献
7	学风	勤学、强技
8	文化特色及内涵	以人为本

在 A 县职教中心的校园文化育人中，所有教育者应紧密合作，形成共同的育人理念和目标。通过相互协作，教育者们可以相互借鉴经验，共同提高文化育人的质量。同时，该校也需要积极引导学生参与校园文化建设中，让学生成为校园文化建设的主体，通过参与活动和实践，培养学生的创新思维和综合能力。

A 县职教中心的管理者和教育者们应不断总结经验，改进校园文化育人的方法和策略，以适应不断变化的教育环境和学生需求。只有通过持续的努力和改进，A 县职教中心的校园文化育人工作才

能更加科学、全面，才能为学生的成长和发展提供坚实的支持。

校园文化建设是 A 县职教中心的关键工作，需要管理者全面把握，以提高文化育人效果。这要求全校师生都参与其中，形成统一的发展愿景，只有确保所有人的目标一致，才能有机会实现目标。校园文化建设不仅需要全体成员具有坚定的信念，还需要设立激励机制，以加快实现这一愿景。目的是让团队中的每个人都成为校园文化建设的主角，并有效地实现文化育人的目标。

在校园文化建设过程中，A 县职教中心的领导不仅需要具备坚定的信念，还需要激励全体师生，共同构建愿景，努力实现该目标。

此外，还应深度挖掘 A 县职教中心校园文化的特色，突出该校校园文化的特色，积淀文化底蕴。因此，A 县职教中心的管理者需要根据学校特色打造校园文化，激发士气。可以将学校历史发展中的文化内涵进行积累，形成校园的精神。该校特别将企业精神和学生职业素养作为校园文化建设的基础，通过将学生的专业知识与企业文化相融合，在培养学生正确的职业素养的同时，让他们能感受真实的工作氛围，为日后的就业做好准备。同时，A 县职教中心将学校的管理制度融入校园文化建设，使学生在校园管理制度的引导下行事，真正地实现行为规范和发展。

A 县职教中心特别将学校发展目标、团队建设目标、学生培养目标、校训、校风、教风、学风以及文化特色和内涵等内容进行整合，形成了独特的校园文化。这种文化将深刻影响学生，为他们塑造正确的学习观念和做人态度。

在校园文化设计的过程中，A 县职教中心的管理者将学生置于文化育人的核心，围绕着对学生的培养来设计校园文化目标，以实现育人的目的。这种以学生为中心的设计方法将确保其校园文化与学生的需求和成长相契合，并为他们提供良好的学习和发展环境。

第三章 高校校园文化育人的要素及机理

通过以上措施，A县职教中心将在校园文化建设中更加注重学生的专业素养与企业文化相融合，培养学生正确的职业意识和素养，帮助他们适应未来的就业挑战。同时，校园管理制度的融入和共享目标的形成将进一步推动校园文化建设，确保学生能在积极的校园文化氛围中成长和发展。

（二）紧扣校园文化建设主题，实施特色建设项目

1.建设幸福校园，塑"师生精神"之魂

精神文化是学校核心文化的体现，其中"精、气、神"是人的精神文化的直接展示。在A县职教中心进行幸福校园建设的实践阶段，管理者通过组织多样的活动来丰富校园生活，使师生的心灵得以凝聚。很多经历过应试教育挫折的学生选择进入A县职教中心，其中一些学生可能被某些人贴上"坏孩子""差等生"等不公平的标签。这些定义对学生来说是不公正的，他们只是缺乏良好的学习习惯或对学习缺乏兴趣。A县职教中心的宗旨是换一种角度看教育，换一种心情看人才，换一种眼光看学生。A县职教中心的学生是可爱的、可教的、可塑的，这里的教师坚信不仅可以培养学生成为社会所需的技能型人才，其中的一部分学生还能成为未来的企业家、领导者。这是A县职教中心独特的人才教育理念。它在注重知识和技能培养的同时，为学生的全面发展打下了基础。它让每个孩子都有成为有用之人的可能，它让每个生命都绽放出独特的光彩。

该学校非常重视发展平台的打造，坚持以"文化立校、技能强校"的办学思路。A县职教中心举办了十四届技能节活动。它秉持着"面向人人、全员参与、以赛促教"的理念，每届技能节历时三个月。在这个过程中，师生一起在课堂学习、工厂实践、教室讲授、车间实训。他们在校内比赛、赛场竞技中取得了丰硕的成果。通过这样的活动，师生们不仅在学习和工作中获得了自

我实现，还达到了更高层次的精神满足，进而共同建设了一个幸福的校园。

2.建设生态校园，绘"环境文化"之色

所谓一方水土养一方人，特定的环境会塑造出不同的个体。在社会群体中，每个人都是独特的，他们的行动取决于自身需求以及对环境的判断和理解。如果每个人都能共享环境文化，他们就能够有效地沟通，消除隔阂，促进合作，形成良好的生态环境。A县级职教中心深知这一点，因此它重视校园环境文化建设，为营造客观的氛围提供物质支持，以实现良好的生态校园服务和职业特色，它致力于打造一个充满希望、融合人文和现代化的绿色学校。

首先，最基础的是环境认知文化。A县职教中心以"融"字为核心，在办公楼一楼设计了"融"字主题的展示墙。此外，办公楼的楼道和门厅空间也被充分利用，以蓝色为主色调，象征着学校"海纳百川"的胸怀。这些设计旨在展现学校的办学宗旨、文化渊源和育人理念。

其次，环境的规范文化也很重要。在创造良好的环境之后，需要大家共同努力来维护。因此，学校设置了爱护环境的宣传牌和实训操作指示，严格规范学生的行为，培养其良好的行为习惯。

再次，环境物态文化。学校在水立方和喷泉水池两侧设置了宣传墙，以"学做人之道，修立业之本"为标语，寓意水能溶解万物。水立方作为学校入口的标志性建筑，采用镜面形态展示，体现学校紧跟时代、充满活力的发展理念。喷泉流水悠然、清澈的水面上荡漾着绿叶和鱼儿，与天空的云影相映成趣，展现了学校自然环境的美丽。

最后，民俗环境文化。学校通过墙壁装饰展示了工艺美术、陶瓷、民间剪纸等具有民俗文化特色的艺术品，以此展现民族文化精神。这种展示方式能够在无形中影响和熏陶师生，激励他们朝着特定的方向奋斗和努力。

环境育人是一种无声的教育，它在潜移默化地影响着人们，它能激励人们追求进步和努力奋斗。通过以上的环境文化建设措施，A县级职教中心努力营造了一个充满希望和活力的校园，为学生提供了良好的成长环境。

3. 建设和谐校园，树"管理文化"之形

一所学校要实现公平、有序的管理状态，必须建立完善的制度体系，也就是管理文化。管理文化具有强大的推动作用，它能促使师生保持稳定和积极心态，它是构建和谐校园的基础。管理文化不仅是学校管理理念提升的要求，也是学校师生成长的内在需求，同时还是建立和谐校园的重要保障。在职业发展和管理文化的基础上，A县职教中心更新了班级管理模式。它将学校视为一家公司，并将班级管理打造成公司管理制度。班主任的角色相当于公司的董事长，而班长则担任总经理的职位。如果班级集体需要做出重大决策，那么班委会全体成员共同拥有最终决定权。班级的中层干部通过竞选产生，并由学生投票决定。班长主持的班委会成为班级的日常管理会议，负责处理班级的各种事务。班长要能够灵活地应对各种情况，保证上下级之间的沟通顺畅，同时要尊重每位学生的意见，确保公平性。在这种管理模式下，每个学生都对班级管理充满了热情，这不仅可以增强学生的竞争意识，还能培养其责任感，让他们清楚地认识到：在步入社会后，只有通过自己的努力和争取，才能获得更好的回报。

正如教育家陶行知所说："学生自治是指学生团结起来，自己管理自己的事务。"从学校的角度来看，就是为学生提供各种机会，让他们"动"起来，培养其自律性和自我管理能力。

4. 建设文明校园，结"行为文化"之果

当今许多学校都追求充满活力的校园文化，A县职教中心在文明校园建设过程中也致力于将活力与科学注入校园文化中，将行为规范教育融入各项活动中,深化学生的体悟。学生对这种文化教育理念非常认同,自觉遵守规范行为,形成了良好的道德行为准则,展现了当代特色的人文风貌。为此,该校开展了一系列特色教育活动。

第一项特色活动是学习贾朝江——学做真人。贾朝江作为为人民服务 50 年的典范,被称为淳朴教育的"经典教材"。学校组织学生去领悟贾朝江的精神,同时教师也反思自身,为自己布置了学习贾朝江的特别作业。学校使学习贾朝江成为教育优势和传统项目。

第二项特色活动是举办亮点节日——培育真人。学校通过举办各种亮点节日活动,全面培养师生的素养。通常在 3 月份,学校会开展学习雷锋活动;4 月份,举行缅怀革命先烈、瞻仰活动;5 月份,进行感恩亲情、亲子活动;6 月份,举办学生艺术节;7 月份,开展勇于探索活动;8 月份,组织社会实践活动;9 月份,组织"感恩教师"的教师节活动;10 月份,举行体育节,培养活力、强健体魄;11 月份,举办技能节,展示个人才华,创造辉煌;12 月份,学期结束时进行共同分享和勉励的联欢活动。

第三项特色活动是社团文化——创造个性。学校鼓励师生积极参与各种有兴趣并能提升自己的社团活动,比如摄影协会、书法协会、舞蹈协会、健身协会、文学社、爱之声广播社等。当学期结束时,学校还会组织社团进行成果展示和表演活动。社团活动不仅丰富了师生的业余生活,还全面促进了他们身心的健康。

第四项特色活动是体验活动——参与实践。养成教育、基础道德教育、法治教育、安全教育和心理健康教育是 A 县职教中心教育的五个主要主题。知识与实践相辅相成,A 县职教中心不仅教授知识,还注重实践。为此,A 县职教中心设置了丰富的校内外实践活动,通过潜移默化的方式塑造学生良好的品格和道德。比如在法治教育方面,它邀请警察来为学生讲解交通安全和消防知识，以培养学生自觉遵守法纪的良好行为。

通过开展这些特色教育活动，A县职教中心让学生学会以规范道德行为去追求知识、处理事务和处理人际关系，为他们未来顺利步入职场奠定了坚实的基础。这些活动不仅丰富了学生的学校生活，也培养了他们全面发展的身心素质。同时，这些特色活动也展示了学校文化的活力和科学性，推动了学校的整体发展。

5. 建设学术校园，立"课程文化"之标

文化不仅仅是传授知识，它还需要有明确的方向和清晰的目标。学校教育的根本任务是教书育人，而教书育人的最重要途径便是授课。学校要培养学生就需要有阶段性的课程，这些课程应该相互关联、相互衔接，并根据学生的发展逐步推进。课程建设需要确立一个明确的目标，以实现教师育人的目的。此外，课程建设也必须关注学生的全面发展，无论是身心发展还是智力、品德发展，课程在建设时都需要综合考虑——既要纵向有序，也要横向整合。

A县级职教中心的课程理念以服务社会为主旨，旨在培养全方位的技能型人才。实施"教学场所一体化"和"教学评价一体化"是A县职教中心一体化课程的重要基础。"教学场所一体化"包括"教、学、做"三者的融合，而"教学评价一体化"则涉及多元评价主体。这些一体化措施体现了对人才、对用人市场和对教学规律的尊重。因此，在教学实施过程中，课程文化建设的关键点和行动指南即为以培养人才为服务主体。

课程目标和培养目标应该紧密关联，并且有机地结合在一起。课程目标的制定是为了实现培养目标而进行的，而培养目标则是设立课程目标的基础和目的。二者相互依存，密不可分。因此，课程目标和培养目标需要保持一致，否则会导致课程建设方向不明确，学校的教书育人整体目标难以实现。换句话说，我们应根据所要培养的人才方向定制相应的目标。确立一致的课程目标和培养目标具有重要意义。

首先,课程目标的制定应以培养目标为导向,明确学生需要具备的知识、技能和品德。通过明确的课程目标,我们能够更好地指导教师的教学内容和方法,确保课程内容与培养目标相契合,使学生能够全面发展。

其次,一致的目标使教学更加有针对性和有效性。教师能够明确知道他们所教授的知识和技能如何与培养目标相联系,从而更好地组织教学活动,提供相关的学习体验和机会。

最后,一致的目标有助于评估和调整教学效果。通过对课程目标和培养目标的持续评估,学校能够及时发现教学中的不足之处,并采取措施进行改进,以确保学生达到预期的培养目标。因此,学校在制定课程目标时必须与培养目标保持一致,这样才能确保教育教学工作朝着明确的方向前进,为学生的全面发展提供有力的支持。

将课程理念与办学理念有机结合起来,促进人的完善与发展是现代学校的内涵。这种结合能够真实地展现学校的本质,即促进人的全面发展,并通过文化引领的方式来实现。A县职教中心坚持"开放办学、内涵发展、文化引领、服务社会"的办学理念,以"培养有素养、技能、知识、文化的应用全能型人才"为目标。为了实现这一目标,学校构建了知识文化课程、专业技术课程、发展方向课程等一体化的课程体系,并将其应用于教学中,并加以推广。

为了推进课程建设,A县职教中心进行了企业调研,并逐步推行教案构课方式。同时,学校制定了一体化教学模式改革实施方案,并开展了教学观摩活动。为了打造基于工作过程的一体化教材建设,学校还全面开展了与岗位对接的课程体系,并采用以项目教学为主的教学方法。通过这些努力,学校致力于打造学生心中的精品课程。这种综合的课程理念与办学理念的有机结合,不仅能更好地促进学生的全面发展,还能满足社会对多样化人才的需求。学校以"开放办学"为理念,积极与社会各界进行合作,将实际需求融入课程设计与教学实践中。"内涵发展"的理念使得学校注重培养学生的内在素质和综合能力,追求个体的全面成长。"文化引领"的方式让学校的办学过程充满活力和独特性,培养出具备文化底蕴和创新精神的人才。同时,"服务社会"的理念使得学校紧密联系社会实际,为社会提供具有实践能力和社会责任感的人才。因此,A县职教中心的课程建设充分体现了其办学理念——将课程理念与办学理念有机结合起来,以促进学生的全面发展为核心,为学生的未来发展奠定坚实基础。

哈佛大学之所以著名,其中一个原因就在于它提供了多元丰富的课程选择,可以满足学生的多样化需求。校本课程是课程体系中最富活力、最贴近学校和学生实际生活、最具当地特色的课程。因此,研究和开发校本课程成为形成学校特色文化的重要因素。A县职教中心将课程特色与学校特色紧密联系在一起。以工艺美术专业为例,该专业基于本县、本市的当地人文经济化特色,并借鉴了西方的作坊式人才培养模式。学校与当地企业展开合作,并聘请特色文化工艺传承者来校演讲展示,以多方合作的方式共同研发具有地方特色的课程,以确保学生的全面发展。在特色校本课程的教学中,学校不仅将当地的特色文化项目引入课堂,还引入了新品研发的内容。这样的做法既对当地特色和文化传承做出了重要贡献,同时也为社会培养了大量专业技能型人才。通过将课程特色与学校特色相结合,A县职教中心实现了教育目标和培养目标的有机统一。在学校特色得以展现的同时,学生也得到了全面的发展。这种做法不仅提升了学生的综合素养,还为地方经济发展和特色文化传承做出了积极贡献。同时,学校的办学声誉也得到了提升,吸引了更多学生和社会资源的关注和支持。

此外，A县职教中心在教师进行课程开发和一体化课堂打造的同时，也同步进行了教师的培养。它采取了一系列措施，比如外出培训和实践锻炼的方式打造过硬的教师团队，这为课程的建设打下了良好的发展基础。通过将教师的发展与课程建设相结合，学校能够充分发挥教师的专业能力和创造力，提升教学质量和效果。教师的参与和投入使得课程更加符合实际需求，更能够满足学生的学习需求和个性发展。这种有机结合的方式促进了教师和学生的共同成长，也为学校的整体发展提供了强大支持。

第四章　高校校园文化建设

第一节　高校校园物质环境建设

一、高校物质环境建设的意义

（一）加强社会主义物质文明建设

随着当前经济的快速发展，高校物质环境建设已成为社会主义物质文明建设的重要组成部分。高校物质环境建设旨在改善高校内部的物质环境，提高教学、科研设施的质量和效益，从而促进高校教育教学事业的健康发展。在全面建设社会主义现代化国家的过程中，物质文明建设与精神文明建设相互依存、相互促进。作为国家人才培养的重要基地，高校物质环境建设关乎高校教育教学事业的发展，也关乎国家整体物质文明建设水平。因此，加强高校物质环境建设不仅是高校自身的需要，更是国家建设的需要。一方面，优化、改善高校物质环境能够提高教学科研设施的质量和效益，为师生提供更好的学习、教学和科研条件；另一方面，能够提升高校的知名度和竞争力，吸引更多的优秀师生前来工作和就读。此外，优质的高校物质环境还能培养学生的审美能力和环保意识，进一步地推动社会主义物质文明建设的发展。通过丰富教学科研设施,加强校园环境管理,提高校园物质环境的安全性和舒适度,高校物质环境建设能够得到进一步发展和完善。加强校园物质环境建设是营造健康、积极向上校园文化氛围的基础,更是社会主义物质文明建设的需求[①]。只有这样,才能进一步促进高校教育教学事业的健康发展,推动社会主义物质文明建设的全面发展。因此,高校物质环境建设不仅对高校教育教学事业具有积极影响,也对国家的整体发展具有重要意义。通过持续改进和投入,高校可以创造更优越的学习和工作环境,培养更多具有创新精神和社会责任感的人才,为社会主义现代化国家的建设做出更大贡献。

（二）优化大学生全面发展

高校物质环境建设是优化大学生全面发展的必要举措。随着社会的不断进步,大学生的全面发展受到了社会各界的广泛关注。作为大学生学习的重要场所,优化高校物质环境、提升教学科研设施的质量和效益对于促进大学生的全面发展具有重要意义。

高校物质环境建设是满足大学生全面发展需求的基本保障。高校作为大学生学习、生活、成长的重要场所,优化它的物质环境、提升它的教学科研设施的质量和效益,不仅可以提高大学生的学习成果,更能为他们的全面发展提供良好条件。因此,加强高校物质环境建设是优化大学生全面发展的必要之举。高校物质环境建设对于大学生的全面发展具有重要意义:一方面,良好的物质环境能够提升大学生的学习效果,增添他们学习的兴趣和乐趣,进而激发他们的学习动力;另一方面,优质的物质环境还能为大学生提供丰富多样的课外活动和社交场所,有助于他们培养兴趣爱好和社交能力。此外,良好的物质环境还能培养大学生的审美能

---

① 闫克信,赵倩倩.高校校园物质文化建设路径探究[J].边疆经济与文化,2021(11):90—92.

力和环保意识,进一步推动社会主义物质文明建设的发展。因此,高校物质环境建设不仅满足了大学生的生活需求,也对他们个人的全面发展起到重要影响。通过优化物质环境、提升教学科研设施的质量和效益,高校为大学生创造了更好的学习和成长环境,帮助他们发展兴趣爱好、提升社交能力,并为社会主义现代化建设做出了自身的贡献。

(三)维护高校管理的安定、和谐

高校作为人才培养的重要场所,其物质环境建设对学生的学习、生活和成长起着保障性作用。良好的物质环境不仅是维护高校管理安定和谐的基础保障,还能提高学生的学习积极性和学习质量。一个舒适、整洁、安静、安全的学习环境有助于学生更专注地学习,应避免噪声、拥挤和不卫生等因素对学生产生干扰。因此,高校应致力于创造安定、和谐的学习环境。此外,高校还应提供先进的教学设备和设施,以满足不同学科的教学需求。只有在一个先进、全面、多元的学习环境中,学生才能安心学习,获得全面的发展。这样的环境可以激发学生的创造力和探索精神,培养他们的实践能力和创新思维。良好的物质环境有助于营造和谐的人际关系。高校是各种背景和思想的学生汇聚的地方,如果物质环境不佳,就容易导致冲突和紧张局势的产生。相反,如果学校提供一个舒适、和谐的环境,就能促进学生之间的交流和理解,增进彼此之间的友谊和团结,进而营造出一个和谐、融洽的校园氛围,这样的氛围有助于学生的个人成长和社会适应能力的培养。

另外,良好的物质环境也有助于保障学生的身体健康[1]。高校应提供清洁、健康、安全的食品和住宿环境,并配备完备的医疗

---

[1] 何琼. 新时期高校校园环境建设研究 [D]. 南昌:江西科技师范大学, 2015.

保健设施，以保障学生的身体健康。只有身体健康，学生才能更好地学习和生活，与他人和谐相处，共同创造美好的校园生活体验。此外，良好的物质环境还有助于提升学校的声誉和形象。高校作为重要的社会机构，其声誉和形象对整个社会都具有重要影响。如果高校的物质环境良好，能够为学生提供舒适、安全、全面的学习和生活环境，就能吸引更多优秀的学生和教师前来学习和工作，从而提升学校的声誉和形象。此外，高校物质环境建设也是维护高校管理稳定和谐氛围的基础保障。只有提供良好的物质环境，才能为学生提供全面的学习和生活条件，帮助他们成长为有用的人才。同时，这也能为学校带来更好的声誉和形象。因此，高校应重视物质环境建设，不断地改善和提高学校的物质环境，为学生提供更好的学习和生活条件，为学校的可持续发展奠定坚实的基础。

高校物质环境建设的重要性在于它不仅关乎学生个体的身心健康，也关系到整个学校的发展和社会的认可。为此，高校应注重食品卫生安全，确保食品供应的质量和卫生标准符合国家要求。同时，为师生提供舒适、整洁、安全的住宿环境，包括宿舍设施的维护和管理，以营造宜居的生活氛围。此外，充分配备医疗保健设施，为师生提供及时的医疗服务和健康指导；高校还应加强对物质环境的监管和管理，确保学校的各项设施、设备的正常运行和维护。

通过持续改善物质环境，高校能够为学生创造良好的学习和生活条件，培养他们的全面素质和社会责任感。同时，优质的物质环境也有助于吸引更多优秀的学生和教师加入学校，提升学校的声誉和知名度。因此，高校应当将物质环境建设作为一项重要任务，不断地改进和提升，为学生和学校的未来发展创造更加有利的条件。

二、高校物质环境建设的侧重

（一）加强校园基础建设

随着高校教育的不断发展，物质环境建设作为高校整体发展的重要组成部分越来越受到社会各界的重视。其中，"加强校园基础建设"成为高校物质环境建设的一个关注点。高校需要制订明确的基础建设计划，包括项目的时间表、预算、建设目标等，以确保建设工作能够顺利推进。同时，计划应充分考虑教学、科研和生活等各方面需求，以满足校园多样化发展的要求。在项目实施过程中，高校需要加强对项目的全面管理，确保项目按计划进行。项目管理包括项目进度、质量、安全等方面，需要建立完善的管理体系，以确保项目能够高效推进。高校应注重建设质量，确保项目建设符合相关标准和要求。在建设过程中，需要建立质量检查机制，及时发现和解决问题，以确保基础建设的质量。高校可以通过向政府申请资金支持的方式来获得建设资金。政府资金的支持可以为高校基础建设提供有力的保障，同时也能缓解高校资金短缺的问题。此外，高校还可以吸引社会投资来获得资金支持。社会投资能为高校建设提供多元化的资金来源，同时也能促进高校与社会的互动。

另外，高校可以与其他高校或企业开展合作办学，共同进行基础建设。合作办学可以通过资源共享、技术交流等方式提高建设效率，降低建设成本。这种合作模式能够整合各方的优势，推动基础建设工作的顺利进行。

总之，加强校园基础建设对于高校物质环境建设来说具有重要意义。

（二）注重精神文化融合

高校物质环境建设是一项重要工作，旨在为学生提供优良的学习和生活环境，促进他们的全面发展。近年来，越来越多的高校开始意识到精神文化在物质环境建设中的重要作用。为此，他们采取了一系列策略来强化精神文化的融合。

注重精神文化融合的策略之一是通过物质环境设计来体现学校的精神文化内涵。具体而言，是将学校的历史文化、地域特色和创新精神等元素融入物质环境的设计中。例如，中山大学将"岭南文化"元素融入校园景观设计中，南京大学在杜厦图书馆的建筑设计中融入了"书山有路勤为径"的文化内涵。这些设计在美化校园环境的同时，也让学生更好地感受到了学校的文化底蕴。

高校可以通过引入文化活动来促进物质环境与精神文化的融合。这些活动可以包括校内的文化展览、讲座、音乐会等，也可以是校外的社会实践、文化交流等，为学生提供一个更加多元化的学习与交流平台。

高校可以通过加强师生文化素质教育来促进物质环境与精神文化的融合。这包括加强学生的人文素质教育，提高教师的文化素养水平，以及加强对学校文化底蕴和传统文化的传承。比如华南理工大学开设的传统文化研修班，举办的名师国学主题讲座，让校内教师、学生更好地了解中国传统文化的内涵和价值，培养了学生的人文情怀和文化自信[1]。

高校可以通过加强校园文化建设来促进物质环境与精神文化的融合。这包括建立丰富多彩的校园文化活动、创造良好的学习氛围和校园文化氛围以及建立有效的管理机制。比如清华大学的"国际文化节"活动，吸引了众多师生和社会人士前来参加，已经成为清华校园文化的一张名片。

---

[1] 李欣.新时代高校校园文化载体育人研究[D].桂林：广西师范大学，2021.

（三）创新生态环境建设

近年来，高校物质环境建设已成为学校管理工作的重要组成部分。在这个过程中，创新生态环境建设逐渐成为高校物质环境建设的重要侧重点。

1. 高校应采取多种策略促进创新生态环境建设

首先，完善高校环境管理制度，明确环境保护和节能减排的目标和任务；其次，加强环境监测和评估，及时发现和解决环境问题；再次，加强宣传教育，提升师生的环保意识和环保行动能力；最后，积极参与政府环保计划，争取政府的资金支持。

2. 高校应采取多种建设途径促进创新生态环境建设

首先，加强绿化建设，增加树木和草坪的种植，扩大绿色空间，减少灰色空间；其次，加强污水处理和垃圾处理，减少污染物的排放，保护地下水资源；再次，采用新技术、新材料和新装置，降低能源消耗和环境污染；最后，在校园内开展环保实践活动，比如垃圾分类、节能减排、绿色出行等，引导师生积极参与环保行动。

三、影响高校物质环境建设的因素

（一）社会经济发展变化情况

高校物质环境建设指的是在校园内建设优质的教学设施、生活设施、绿化环境等，以提高师生的学习和生活质量。社会经济发展变化是影响高校物质环境建设的重要因素之一。随着社会经济的不断发展，高校物质环境建设得到了积极推进，建设规模和质量不断提高。学校可以通过吸引更多的资金和资源，投入到校园环境建设中。比如一些大型高校可以借助政府资金和社会捐赠，建设更加现代化和高端的教学设施和宿舍楼。同时，学校也可以运用市场机制，吸引更多的商业公司进入校园，为学生提供便捷且高品质的生活服务。

社会经济发展变化也为高校校园文化建设带来了一些麻烦：一方面，随着城市规模的不断扩大，一些高校被迫迁至城市外围或郊区，而由于城市规划和建设未能及时跟上，校园周边可能存在交通不便、嘈杂和工业污染等问题，对师生的生活质量和健康产生影响。另一方面，一些高校因为经济压力过大或资源不足，无法建设高品质的校园环境，导致师生的学习和生活条件较为困难。因此，为了促进高校物质环境建设，需要综合考虑社会经济发展变化带来的影响，并采取相应的措施。高校可以积极寻求政府支持和社会资源，确保有充足的投资用于校园环境建设。同时，与城市规划部门合作，推动合理的城市规划和校园布局，推进周围配套设施建设。此外，高校还可以加强与企业的合作，吸引更多的合作伙伴参与校园建设，共同提升物质环境的品质。

总之，高校物质环境建设是一个综合性工作，受到社会经济发展变化的影响，通过积极引入资金、改善城市规划、加强合作伙伴关系等方式，可以提升高校校园环境的质量，为师生创造更好的学习和生活条件。

（二）高校环境建设重视程度

高校环境建设的重视程度是影响其物质环境建设的重要因素，因为高校对环境建设的重视程度直接影响着其投入力度。一般而言，高校对环境建设的重视程度越高，就越愿意投入更多的资源，包括资金、人力和物力用于环境建设。因此，那些高度重视环境建设的学校往往能够投入更多的资源，建设更优质的物质环境。此外，高校环境建设的重视程度也影响着其规划与设计力度，那些高度重视环境建设的学校往往会进行更周全的规划和设计，会充分考虑学校的实际情况和需求。这些规划和设计包括校园绿化、景观设计和建筑设计等，其质量直接影响着高校物质环境的建设成果。

高校环境建设的重视程度还对管理与维护方面产生影响。那些高度重视环境建设的学校往往会采取更严格的管理和维护措施，会制定相关的管理制度和标准，定期检查和维护环境，以确保其卫生和美观。这些管理和维护措施对于保持高校物质环境的良好状态至关重要。

此外，高校环境建设的重视程度还影响着其在影响力和示范作用方面的表现。高度重视环境建设的学校能够创造出更美丽、舒适、宜居的校园环境，进而对学校的影响力和示范作用产生积极影响。这些因素将吸引更多优秀的学生和教师前来就读和工作，从而提升学校的声誉和知名度。因此，高校应高度重视环境建设的重要性，注重各个方面的环境建设，从而塑造更加美好的物质环境。如此才能更好地提升学校的品质和吸引力，为师生创造良好的学习和生活环境。为了提高高校环境建设的重视程度，学校可以加强相关宣传和教育，提升师生的环保意识，鼓励他们积极参与环境建设和维护。同时，学校还可以寻求政府和社会各界的支持和合作，争取获得更多资源用于环境建设，共同推动高校物质环境建设的持续发展。

（三）高校环境建设长效机制

高校物质环境建设旨在通过建筑、景观、设施等手段，为高校师生提供美观、舒适、安全、便利的学习和生活环境。在这一过程中，高校环境建设长效机制起着重要作用，它能确保高校环境建设能够长期稳定地发展。该机制包括规章制度、管理流程和责任分工等，能够持续推动高校环境建设。

通过长效机制，高校能够制定科学、合理且符合实际的物质环境建设方案，避免了建设中的粗糙、随意和盲目现象。同时，长效机制能确保建设过程中各项工程按照规范和标准进行，从而保证了高校物质环境建设的质量。此外，长效机制还能确保设计、施工、验收和维护等各个环节都有相应的管理措施和责任人员，避免了管理漏洞和责任不明的问题。这一系列保证使得高校物质环境建设得以更加完善、美观，从而提高师生的生活质量[①]。

另外，高校环境建设长效机制对于建设形式也会产生一定的影响。通过长效机制，高校能够更好地在建设形式上体现人性化、可持续发展等要求。比如在建筑设计中加入绿色植物、自然采光、节能环保等元素，使得建筑不仅具有美观性，更能满足人们的舒适需求；高校在设施选用上也在遵循绿色环保、智能科技等原则，使得设施不仅具备实用性，还体现出科技先进性。这些设计和选用上的改变，使得高校物质环境建设更加符合现代化、科技化和可持续发展的要求。此外，高校环境建设长效机制还能促进建设过程中的协调与整合，通过建立规章制度和管理流程，高校能够确保各个环节的顺利衔接和协同工作，避免出现建设过程中的混乱和不协调现象；长效机制还能确保建设项目在设计、施工、验收和维护阶段都有相应的管理措施和责任人员，提高建设质量和效率。

综上所述，高校环境建设长效机制对于高校物质环境建设的建设形式起着重要的推动作用，通过科学的规划和管理，高校能够打造更具人性化、可持续发展的环境，为师生创造更好的学习和生活条件。这不仅可以提升高校的形象与品质，也为可持续发展的教育奠定了坚实的基础。

---

① 冉聪聪.高校校园文化载体建设的路径思考[J].湖北开放职业学院学报，2020，33（2）：73—74.

四、高校物质环境建设的实行策略

（一）加大投入，提升基础建设水平

高校物质环境建设需要大量的资金，主要来源于政府财政拨款和学校自身的投入。因此，加大财政投入是实现高校物质环境建设的前提条件。首先，政府应当增加对高校的财政拨款。高校物质环境建设应成为教育经费的重要组成部分，并纳入财政拨款的考核范畴，确保高校物质环境建设得到充分的资金保障。其次，高校应积极探索多元化的资金来源，可以通过多种途径筹措资金，比如与企业合作、引入外部招商等方式，吸引社会资本进入高校，为物质环境建设提供更多的资金支持。

提升基础建设水平也是实现高校物质环境建设的重要策略。在建设教学楼、实验室、图书馆等基础设施时，应注重设施的功能性、实用性以及环保和节能要求。同时，加强高校公共服务设施的建设也十分重要。建立完善的公共服务设施，比如食堂、医务室、体育馆等，能够为学生和教职工提供全方位的服务，提升学校整体环境的品质。

高校物质环境建设的管理和维护是保障环境质量的重要保证，因此，加强管理和维护工作也是必要的。具体而言，应采取以下措施：加强物资管理，建立健全物资管理制度；加强物资采购、存储和使用等方面的管理，确保物资的合理使用和节约；加强设施维护，建立设施维护制度；加强设施的日常检查和维护工作，确保设施的正常运转和使用寿命。

总之，通过加大财政投入、提升基础建设水平以及加强管理和维护工作，高校能够实现物质环境建设的目标。这将为师生创造一个更美好、更适宜学习和生活的环境，从而提升学校的整体形象和教学质量。

（二）完善规划，丰富环境建设内涵

完善规划是高校物质环境建设的基础。高校需要根据自身的特点和发展需求，制定适合自己的规划方案。该规划方案应包括建设内容、目标、时间表和预算等方面的内容。在制定规划方案时，应充分考虑学校的实际情况和需求，同时注意环保和可持续发展问题。通过完善规划，高校能够更加有针对性地进行物质环境建设，提高建设效益。

丰富环境建设的文化内涵是高校物质环境建设的重要组成部分。高校应注重在环境建设中塑造丰富的文化内涵，以营造浓厚的学术氛围和文化氛围。比如可以设置校史纪念馆、文化长廊、艺术展览等文化景点，丰富学生的文化生活；举办各种文化活动如文艺演出、话剧比赛等，提高学生的文化素养；加强校园绿化，改善校园环境；完善校园交通系统，提高校园交通效率；建设高水平的实验室、图书馆等设施，提升学校的教学和科研水平；加强管理和监管，确保物资的合理使用、维护和保养，以延长设备的使用寿命，减少资源浪费。高校物质环境建设的文化内涵提升是一个系统性的工程，需要学校各方面的共同努力。

只有通过不断完善规划、丰富环境建设的文化内涵，提升基础建设水平，才能不断地提升高校物质环境质量，为学生提供更优质的学习和生活环境。

（三）保障绿色，落实生态环境建设

为了落实生态环境建设并推动高校实现可持续发展，高校管理层应树立环保意识，并与学生、教职员工共同推广环保理念，增强环保意识。比如可以通过开展环境保护主题活动，引导学生积极参与环保行动，养成节约能源、保护环境的良好习惯；增加绿化面积，种植多样化的植物，打造人工湿地、雨水花园，增加草坪等，以提高空气质量和景观效果；加强垃圾分类设施的建设和管理，建立垃圾分类回收制度，推广废旧物品的再利用，减少资源浪费和环境污染；推广节能措施，增加绿色能源使用比例，进行能源管理培训，建设智能节能系统；加强对建筑物、设备等的维护和管理，减少能源浪费和环境污染；加强对校内环境绿化的监测和评估，定期监测学校内部环境，确保符合国家和地方的环境标准；进行环境评估，对环境管理工作进行评估和改进，提高环境管理水平。通过这些措施，高校能在物质环境建设中更好地落实生态环境建设，创造一个绿色环保、可持续发展的校园环境，为学生提供更优质的学习和生活条件。这样的校园环境不仅有益于学生的成长，也符合社会对生态环境保护的期望。

第二节 高校校园文化载体建设

一、高校校园文化载体的形式

（一）物质文化载体

高校文化是指在高等教育机构中形成的具有相对独立性和特殊性的现象。作为高等教育的重要组成部分，高校文化在推进教育改革和提高人才培养质量方面具有重要作用。其中，物质文化载体是高校文化的重要表现形式之一。物质文化载体指的是在高校中以物体或实物形式展示的文化元素，包括建筑、雕塑、绘画、书籍、器具、服装、食品等。通过这些物质文化载体，高校可以传递具有自身特色的文化信息，构建浓厚的校园氛围，形成独特的校园文化。

高校中的建筑是重要的物质文化载体之一。校舍、教学楼、图书馆、实验室等建筑是高校校园文化的重要组成部分。例如，清华大学的校门、北京大学的钟楼、复旦大学的图书馆等标志性建筑从某种意义上说是这些高校的文化象征。它们通过独特的设计风格、建筑形式和材料，表达了高校独特的文化价值观念，塑造了独特的校园文化氛围。此外，书籍也是高校校园文化中重要的物质文化载体。作为知识传播的主要途径之一，书籍在高校扮演着重要角色。高校图书馆收藏了大量高质量的书籍，它们不仅是教学和科研的重要参考资料，也是高校文化的重要组成部分。通过阅读这些书籍，读者可以更加深入地了解高校的文化价值观念和传统文化底蕴，理解高校文化的内涵和外延。

物质文化载体是高校校园文化中不可或缺的一部分。它呈现出高校独特的文化形态和氛围，是高校文化传承和发展的重要手段。因此，高校应该注重物质文化载体的建设和保护，使高校校园文化更深入人心，为高校的发展注入新的活力。通过提升物质文化载体的质量和丰富性，高校能够进一步彰显自身的特色和魅力，为学生和教职员工创造一个独具魅力的学习和工作环境。

（二）精神文化载体

高校文化载体是指高校内部传达文化的各种手段和途径。精神文化载体指的是高校内部传达有关精神文化的形式，包括思想政治教育、文化艺术活动、学术研究成果等。作为高校文化的重要组成部分，精神文化载体在高校中扮演着至关重要的角色。

首先，精神文化载体是高校弘扬传统文化、传递人文精神、传承学术思想的重要手段。通过各种形式的精神文化载体，高校能够向学生传递正确的价值观和世界观，引导他们树立正确的人生理想和追求。同时，高校还可以利用精神文化载体传递学术思想和研究成果，促进学术交流和学科发展。

其次，精神文化载体是高校文化建设的重要内容。高校通过建设和完善各种形式的精神文化载体，能够提升学生的综合素质和文化修养，增强他们的文化自信和民族自豪感。同时，高校通过精神文化载体的建设，也能够提升自身的学术影响力和社会声誉，吸引更多优秀人才的加入。

最后，思想政治教育是高校中重要的精神文化载体之一。通过开设思政课程和开展形式多样的思政教育活动，高校能够向学生灌输正确的政治观念和道德伦理，引导他们树立正确的世界观和价值观。此外，高校的文化艺术活动也是精神文化载体的重要组成部分。学校可以组织音乐会、戏剧演出、艺术展览等活动，让学生感受艺术的美，培养审美情趣和创造力。

总之，精神文化载体在高校文化中具有重要作用。它既是高校传递文化价值观念和学术思想的媒介，又是高校文化建设的重要内容。通过加强精神文化载体的建设和运用，高校能够更好地培养学生成长为全面发展的人才，为社会和国家的发展做出积极贡献。

（三）行为文化载体

在高校，行为文化载体指的是通过高校师生的日常行为表现出的高校文化内涵和价值观念。这种文化载体不仅是高校文化建设的重要组成部分，也是高校文化传承和发展的重要手段。在高校这个集体中，师生的行为和言语都是高校文化的表现形式，体现着高校特有的风貌和氛围。

在高校校园文化中，学生之间相互尊重、关心和帮助彼此的行为是高校文化的重要表现，这种友爱互助的行为体现了高校文化中的亲和力和团结合作精神。在教学方面，师生之间的互动、责任分工以及学生之间的团队协作都是高校文化的体现，也是行为文化载体的重要组成部分。通过积极的师生互动和合作，高校能够营造出融洽的学术氛围和良好的教学环境。此外，高校文化的行为文化载体还包括校园文化活动和生活习惯等方面。举办各种文艺、体育和志愿者活动是高校文化的重要表现形式，也是行为文化载体的重要组成部分。通过这些活动高校能够培养学生的兴趣爱好、审美情趣和社会责任感，丰富校园文化氛围。此外，学生的日常生活习惯，比如宿舍卫生、饮食健康和课堂纪律等行为也是高校文化的体现，同时也是行为文化载体的重要组成部分。

行为文化载体在高校文化建设中扮演着重要角色，通过行为文化载体，高校能够在师生的日常行为中体现出高校的文化价值观念，促进高校文化的传承和发展。行为文化载体还能激发师生的文化自觉性和文化认同感，以推动高校文化的进一步发展和完善。

二、高校校园文化载体的特征

（一）历史性

高校校园文化作为高等教育的重要组成部分，其独有的特征之一就是历史性。高校校园文化的历史性体现在它作为一种文化载体承载并传承着历史的延续。

高校校园文化是在历史的发展基础上形成的。它承载着高等教育的演进历程和社会文化的变迁。在现今的高校校园文化中，这些历史遗留下来的文化元素得到了保留和传承，成为高校校园文化的重要组成部分。这些历史性的文化元素包括建筑风格、传统仪式、学术传统等，它们连接着过去和现在，展示着高校的历史渊源。此外，高校校园文化的历史性还体现在其具有独特的历史和文化价值。高校校园文化不只是高校的一种文化现象，更是国家和民族文化的重要组成部分。在高校校园文化中，蕴含着丰富的历史和文化内涵，通过它我们可以了解高等教育和社会文化的发展历程，以及人们在思想、艺术、科学等方面的成就和贡献。高校校园文化承载着学术传统、学派文化和学科特色，这些都是历史积淀的结果，也是高校在学术和文化领域的独特贡献。因此，高校校园文化的历史性是其重要的特征之一。通过传承和弘扬历史文化，高校能够激发学生对传统文化的热爱和理解，培养学生的历史观念和文化自信。同时，高校校园文化的历史性也为高等教育注入了深厚的底蕴，提供了学术研究和学科发展的宝贵资源。在推动高等教育的创新发展过程中，我们应注重保护和传承高校校园文化的历史性，让其在当代高校中焕发出新的活力和魅力。

（二）激励性

高校校园文化是大学生活中不可或缺的一部分，它不仅是学术交流和知识传承的平台，还是培养学生综合素质和塑造性格的重要载体。其中，激励性是高校校园文化的一个重要特征。高校校园文化的激励性，表现在其能够激发学生的学习热情和创新意识。高校校园文化丰富多彩，包括各种文化活动、讲座、展览等，这些活动不仅能满足学生的兴趣爱好，还能让学生接触到新鲜的知识和思想，激发他们的求知欲和创新意识[1]。高校校园文化的激励性还表现在其能够促进学生的自我实现和成长。高校校园文化不仅关注学生的学习成绩，更注重学生的综合素质和自我发展。学生可以通过参加各种文化活动和社团组织，锻炼自己的领导能力、组织能力和人际交往能力，实现自我价值和成长。

三、高校校园文化载体建设的创新探索

（一）丰富文化项目，实现品牌建立

为了丰富校园文化，高校可以积极开展多样化的文化项目。学术讲座、文艺晚会、体育比赛、志愿活动等都是吸引学生参与的重要活动，不仅可以满足学生的学习需求，还可以丰富校园文化生活。同时，高校还应注重文化项目的特色性，可以开设地域

---

[1] 刘芳芳，王艳超．传承民族文化自信视域下高校校园文化载体创新研究[J]．教育现代化，2018，5（49）：57—58．

文化节、学科文化节、校友文化节等,通过突出特色来打造高校独特的文化品牌。此外,高校可以通过多元化的文化载体来展示校园文化。学生会、社团、艺术团、文化馆等都是有机的组织形式,它们在为学生提供参与文化活动机会的同时已成为校园文化的重要展示平台。

高校还应注重校园文化载体的创新性。如利用数字化技术开设线上展览、线上演出等活动,通过网络平台和社交媒体的传播,扩大校园文化的覆盖面和影响力。这样的创新措施能够满足学生的多样化需求,使校园文化更贴近学生的生活。通过丰富文化项目和创新文化载体,高校能逐步形成独具特色的校园文化品牌。这个品牌将代表高校在文化领域的独特形象和价值观念,进而提高高校在学术界和社会中的知名度和美誉度。同时,丰富多样的文化项目和创新的文化载体也会激发学生的创造力和创新思维,促进他们在艺术、学术、社会等方面的全面发展。

(二)延展网络阵地,开辟全新渠道

高校校园文化载体建设是推动高校文化建设的重要方面。随着互联网的快速发展,高校在文化建设中需要积极借助网络平台,延展网络阵地,开辟全新建设渠道,以适应时代发展的需求。为此,高校需加强信息化建设,构建完善的校园网络设施,提供全面的网络服务,为广大师生提供便利的网络环境和线上活动的支持。同时,高校还应建设官网、微博、微信公众号等网络媒体平台,以便更好地传递校园文化信息,推广校园文化活动。

开辟网络阵地不仅需要高校提供平台,还需要积极推进线上文化活动的开展。高校可通过线上举办文化讲座、艺术展览、文化比赛等活动,丰富校园文化内容,吸引更多师生的参与。同时,高校还可通过线上活动加强与其他高校、文化机构的交流合作,形成更广泛的校园文化网络,在延展网络阵地的基础上不断探索与创新。

高校可以积极运用大数据、云计算等技术手段进行校园文化信息化管理,包括校园文化资料的数字化整理、线上报名和管理等。此外,高校还可探索发展校园文化电商,通过线上销售文化产品、文化衍生品等,为校园文化建设提供经济支持。在全新建设渠道的探索中,高校也应积极与社会各界合作。例如与企业、文化机构等开展合作,共同开发和推广校园文化产品;与校友会等组织合作,共同开展校友文化活动,丰富校园文化内涵。通过延展网络阵地和开辟全新渠道,高校能够更好地传递校园文化信息,吸引更多师生的参与和关注,提升校园文化的影响力和知名度。这也为高校学生提供了更广阔的文化体验和学习机会,促进他们在全面发展中展现个人才华和创造力。

第三节 高校校园文化运行机制建设

一、以育人为核心,以创建和谐校园为目标

(一)确立导向保障的高校校园文化

高校校园文化是高校创建和谐校园的重要内容,其着力点与落脚点在于培育人的全面发展。高校校园文化的构建应以人为中心,以学生为主体,以教师为主导,以人文主义为宗旨,以育人为核心,以思想观念为中心,从政治、思想和道德三个方面进行教育,加强对学生的法律纪律和思想道德教育。育人的核心在于使学生形成科学的世界观、人生观和价值观。如何培养人才是一个重要的问题,高校应将学生的全面发展作为工作目标,将育人视为使命,将全面提高素质作为主要任务。在校园文化建设中,

要注重党风、校风和班风的建设,加强教风、作风、学风的塑造。同时,在教师和学生中持续开展以"崇教、厚德、为人师表"和"立志、修身、博学,为国家服务"及"社会主义荣辱观"等为主题的专题教育活动,充分发挥第一课堂对学生的育人主渠道的影响。

此外,要充分发挥"第二课堂"、党团、学生社团等组织的作用,积极探索在社团、社区、网络等新兴空间中进行道德教育的方式。通过这些平台,促进学生的德智体美劳全面发展,实现"五育"(德育、智育、体育、美育和劳动教育)并重。高校应以教书育人为理念,努力营造和谐、文明、进步的社会风气,为全体师生提供一个良好的育人环境。通过高校文化建设的不断改进和完善,学生能够在丰富多彩的校园文化中全面发展,高校也能培养出综合素质高、具有创新精神和社会责任感的优秀人才。同时,高校也将在育人事业中发挥更大的影响力和作用。

(二)建立高校精神持续积累的长期制度

弘扬大学精神是促进高校文化建设与发展的重要内容,也是建设和谐校园的基石,其在校园文化建设中具有不可替代的地位。为此,需要加强对高校文化的培养与积累,并积极构建高校文化建设的长效机制。为了健全校园文化工作的组织体系,应将校园文化工作纳入校园总体规划,建立合理的校园文化导向制度,以减少校园文化的随意性。在构建校园文化时,高校必须根据自身的办学传统和办学特色,将特色鲜明、具有吸引力的主题教育作为重要的载体。党团组织和学生会应发挥组织引领作用,将主旋律教育和素质教育作为校园文化建设的重点,激发师生的自豪感和向心力,营造爱国爱校、遵纪守法、尊敬师长的校园氛围。团结互助、勤奋好学、积极进取是培养学生成长的重要品质。高校可以举办隆重的仪式,如开学典礼、毕业典礼和颁发学位典礼,鼓励学生努力学习和进取。此外,积极组织和发展多样化的文化、科技和体育活动,通过艺术和娱乐活动,打造独特的学校文化品牌,让师生参与其中,可以提升个人素质、树立形象,从而获得身心愉悦、心灵陶冶和思想升华的体验。在办学思想、方针和价值观念方面,各高校应始终贯彻落实大学的精神,并将其纳入行为规范,对师生、员工进行指导和塑造,使之成为每个人内在的感悟和信念。这样做可以感染教师和学生的情感,丰富他们的精神生活,提升其道德境界。通过个体品质的提升来满足自我实现的精神需求,形成强大的凝聚力和向心力,最终构建和谐的学校文化氛围。

总之,高校文化建设需要以大学精神为基石,强调办学传统和办学特色,通过有效的组织机制和制度导向,创造有吸引力的主题教育,激发师生的自豪感和向心力,并积极举办仪式和多样化的活动,提升个体品质,培养和谐的学校文化氛围。这将有助于高校培养出充满活力、具有创新精神和社会责任感的优秀人才。

(三)以人与自然为主要内容的创造法则

为学生、教师和员工提供良好的学习与生活场所是建设和谐校园的关键。高校应该致力于完善基础设施,合理布局,并打造具有特色的建筑和和谐的人文景观。这些元素共同创造了一种精神和理念,能够在潜移默化中对学生和教师进行德育教育,激发出创新精神。因此,我们需要注重校园的净化、美化和绿化工作,重视校园整体化、生活化和人文化的发展,推动多元化和现代化。校园内的每一片草木、建筑物、道路和课堂布局,甚至是具有教育意义的雕塑、假山和名言等,都需要经过深思熟虑的规划和精心安排,以突显其特色和活力,打造独特的校园文化形象,让校园成为学生学习、探索和实践的乐园。同时,还应注重在校园环境中营造全面育人的氛围,如布置深刻的校训、富有诗意的雕塑、激励人心的名句以及四季常青的树木花卉等物质元素；加强和改进学校文化生活的基础设施，提升教学、文化、体育等领域师生进行文化活动的场所，为师生提供良好的学习和工作环境；积极开展学生宿舍文化系列活动，推行学习型宿舍、文明宿舍和优秀宿舍创建，将教育管理和服务延伸到学生宿舍，将美化宿舍与育人工作相结合，营造安全、文明、稳定的学生宿舍生活环境。

通过这些努力，可以创造出一个和谐、宜人的校园环境，为学生、教师和员工提供舒适的学习与生活条件，培养出积极向上、富有创造力和社会责任感的优秀人才，为学校和社会的进步发展做出积极贡献。

二、构建高校校园文化运作体系

（一）构建动态的、协调的校园发展体系

构建一个动态而协调的校园发展体系是高校发展的关键。高校应始终贯彻科学发展观，坚定走全面、协调和可持续发展之路；立足于实际情况，明确定位，量力而行；坚持特色办学，以质量为校本立校的基石，注重内涵发展。大学的发展必须与社会需求相适应，与师生利益相协调，与资源整合相契合，与结构调整相衔接，与和谐稳定相互促进。因此，须正确把握学校发展与其他因素之间的关系，包括学校发展与保障学校质量、保障学生利益之间的关系，以及教育教学改革的紧迫性与教师可接受性之间的平衡。

应坚持适度的规模，合理的结构，追求质量、效益和规模的统一。同时，加强学校的教育管理，促进学校规范化建设。学科建设和队伍建设要与学校文化同步推进，内部体制改革要与思想政治工作同步强化，这样才能实现学校发展与社会发展、办学层次与办学类型的相适应。在管理、教学、学术等方面，应实行统一的民主管理，如实现学校个性发展和整体提高，实现学校整体利益与教师利益的和谐统一。

此外，还应将职业教育与素质教育相结合，将基础教育与应用性教育相结合；将思想政治教育与师生的学习、生活紧密相结合，力求在大学的各个方面都能统筹兼顾、协调发展，使发展的内涵与建设和谐的校园相互关联、相辅相成。这样，便能以和谐推动发展，以发展推动和谐。通过以上的努力，可以构建一个动态的、协调的校园发展体系，为高校的繁荣发展提供有力支撑，并为培养出更多优秀人才和推动社会进步做出积极贡献。

（二）构建和谐的人际交往体系

在大学中，建立一个良好的人际交往环境是很重要的。真诚和爱心、谅解与宽容是人际关系和谐的关键，这就需要学生与学生之间要相互尊重、相互关心、相互理解、相互配合。要在"心"上做好，要将"以人为本"的经营理念融入校园文化建设机制中，构建高校师生甚至是高校生生之间的共同利益关系，实现高校各主体之间的和谐统一。要坚持"以人为本"的创新理念，在政策上推动创新，在体制上保障教师和学生的创新能力。要将教师和学生的"主人翁"精神和"责任心"发挥出来，让学生和教师积极地为学校的发展和建设出谋划策，让学生和教师积极地参加到学校的各项工作中来。在师生与学校领导和各个部门之间，构建出一种理解、信任、平等和沟通的良好关系，以此来加强师生对学校的认同和归属感。让他们的进取心、责任感和爱心得到充分的发挥，努力实现教师的主导地位和学生的主体地位的协调统一[1]。要创造一种良好的学术氛围，一种师生之间的平等交流的环境，从而达到师生和谐、生生和谐的目的。如果高校能够构建出

---

[1] 廖玉梅.和谐校园视角下高校突发事件的应对策略探讨[J].科学咨询（科技·管理），2023（06）：26.

一个良好的交流机制,将师生的参与权和知情权都充分地发挥出来,尊重并关爱师生之间的个性差异,并积极倡导团结互助、扶贫济困的良好风气,形成一个相互尊重、平等互爱、融洽和谐的人际环境,那么得到一个团结和谐、奋发向上的校园氛围,一定会水到渠成。

(三)构建多元化的培养体系

要培养合格的建设者和可靠的接班人,需要学校、家庭和社会的协调配合,共同构建一个多元化的培养体系。高校要致力于培养和聘请优秀的教师,并鼓励他们进行学科创新。通过充分利用学科资源,高校可以更好地培养学生。此外,高校应加强师德、师风建设,使教职工热爱工作、无私奉献,激发学生的学习热情和奋斗精神。学校应将内外教育有机地融合起来,营造良好的学习氛围,促进学生的成长和成才。在这个过程中,学校需要重视家庭教育的作用,引导和帮助家庭营造良好的教育氛围,为学生的发展提供支持。同时,社会也是人才培养的重要场所。因此,高校应为学生提供到校园外了解国情、社情和民情的机会。大学的终极目标是为社会提供有价值的人才,因此教育必须紧跟社会的需求。高校应适应时代发展的要求,不断地优化课程体系,提高综合素质,以满足社会发展的需要。此外,高校还应注重与当地政府部门和社区的协同合作,积极参与和谐社区和和谐城市的建设。通过与各方合作,实现学校教育、家庭教育和社会教育的和谐统一。

总之,为了构建一个多元化的培养体系,高校应重视教师培养、学科创新,将内外教育有机融合,注重家庭教育的作用,注重与社会紧密结合,适应时代发展的需求,并加强与地方政府和社区间的合作。这样,高校才能为社会培养出有价值的人才,推动社会的发展和进步。

三、健全现有文化体系

（一）健全文化治理体制

在构建健全的文化治理体制中，需要在党委领导下建立一个由校长担任组长、相关职能部门负责人参与的领导小组，负责领导、组织和协调和谐校园建设工作。该领导小组应明确建设和谐校园的目标，并确定实现这些目标的战略步骤、阶段和重点。此外，必须将和谐校园建设工作贯穿到高校的各项工作中，以满足教师的物质和文化需求的持续提升。

为此，需要健全组织机构，建立合理而高效的组织结构，以实现整体和谐、结构和谐、层次和谐和开放和谐的管理体制。通过有效的组织结构，可以最大限度地发挥教师和学生在建设和谐校园中的积极性，从而营造和谐的校园氛围。

（二）健全录用制度

一所学校最重要的资源是人才。为了构建和谐的高校校园，必须有建立健全的录用制度，以确保拥有高素质的学校领导和教师队伍。高校应致力于打造思想统一、行动协调、积极进取、务实团结的领导集体。学校领导，尤其是校长，除了要以高尚的品德、严谨的工作作风和卓越的成绩为榜样，努力提升自身的领导水平外，还应加强对学校建设和工作的研究，深入理解科研工作的基本原则，真正落实和实现科研工作的和谐发展；要树立以人为本的服务理念，尽力满足教师和学生的合理需求。各高校必须营造重视和爱护人才的良好氛围和制度，建立激励机制，确保每个人都有发展的机会。明确高校教师队伍的长期发展方向，实行公开、平等和竞争的招聘原则，根据综合素质和道德才能并重的原则选拔人才。此外，还要构建一个能够让各类人才脱颖而出的就业体系，关注管理人才与专业技术人才的结合以及引进人才与现有人才的融合。为各类人才创造充分发挥智慧的舞台至关重要。尤其要重视培养、引进和充分利用学科领军人物，以实现以人为本的目标。

（三）健全监督、控制和预案体系

构建健全的监督、控制和预案体系是构建和谐大学校园的重要任务，民主治校和依法治校在其中起着至关重要的作用。为此，高校需要将综合管理、教育教学、服务保障等各项工作纳入法治轨道。在高校管理中，应运用法律、制度、规则等方法进行管理，通过协商、调解等方式预防争议和事故的发生，不断地解决矛盾和冲突，并依法处理师生反映的问题；建立稳定的长效机制，确保学校安全，健全应急处置工作预案；构建维稳信息汇总、分析和沟通机制，及时以法律手段处理各类矛盾和问题；要尊重教师和学生的合理要求，切实保护他们的权益。

在学校内部，需要健全各种决策、讨论、管理的体制和监督体系。以教代会、学代会等为主要组织形式，推动和完善高校的民主管理体制。通过专家咨询等方式，对涉及学校发展定位、规划、学科建设以及教师职称评审、干部任用、评优等重要决策进行民主参与和监督。应让学生和教师了解并参与其中，并建立监督机制。此外，应持续改进校务公开制度，加强教师和学生意见的沟通渠道和协商对话机制。可以借助学校网络，实时公开涉及教师和学生的各类信息，加强校领导与教师之间的信息交流。

总之，学校要营造公平、公正的环境，要始终以教师和学生的根本利益为导向，将其作为制定政策和开展工作的出发点和落脚点；在保障教师和学生的知情权、参与权、监督权的同时，也要保障他们的学习权、发展权和享受权，为其创造良好的环境和机遇；要致力于解决问题、调和利益、消除不一致声音，让教师能够充分施展才华、尽展所长，使所有师生都能够安居乐业。只有如此，才能实现构建大学和谐校园的目标。

第四节 高校校园活动建设

高校的校园文化是大学教育的重要组成部分，从长远来看，高校校园文化对高校教师和学生的全面发展以及整体素质的提高都具有十分重大的意义。当前，国内各个高校的校园文化活动都是围绕着和谐文化展开的，它既是社会主义文化的一个主要内容，也是一所高校的文化精神和文化境界的一个完整的反映。

一、高校校园文化建设的含义和重要性

如今，在国内的高校中，越来越重视校园文化建设的工作。高校校园文化活动能够全面展示大学的办学成果和活力，为学生提供更多的知识和学习机会。通过高质量、多样化的校园文化活动，能够有效地激发学生的积极性和参与度，提升他们的凝聚力和综合素质，这也是提高教育质量的重要途径。开展校园文化活动能够激发大学生的学习热情，最大限度地发挥他们的学习潜力。高校可以通过各种形式的展示、演讲、比赛等，为学生提供展示自己才华和技能的平台，激发他们对知识的渴望和追求。学生在丰富多彩的文化氛围中，能够更加主动地参与学习，增强自己的学习兴趣和动力。

持续的文化教育有助于培养学生良好的个性和综合素质。校园文化建设旨在引导学生形成正确的价值观和道德观念，培养他们的创新意识、合作精神和社会责任感。通过丰富多样的文化活动，学生能够接触到不同领域的知识和经验，拓宽自己的视野，提高自己的素养和综合能力。

校园文化建设可以促进学校的良性发展，推动素质教育的实

施。通过组织丰富多样的文化活动,高校可以营造积极向上、开放包容的校园氛围,提升学校的整体形象和吸引力,这不仅有助于吸引优秀的师资力量和学生人才,也有利于推动学校内部各项工作的顺利开展。在各种有益于身心健康的校园活动中,学生能够提高自己的学习能力和组织能力,为他们未来步入社会打下坚实的基础。这些活动可以培养学生的团队合作意识、沟通能力和领导才能,使他们具备应对挑战和解决问题的能力,为个人成长和将来的职业发展打下坚实基础。

总之,大学校园文化建设具有重要意义和价值。它不仅为学生提供了全面发展的机会,丰富了校园生活,也为学校的发展和素质教育做出了积极贡献。因此,我们应进一步加强校园文化建设,营造积极向上、多彩多姿的校园文化氛围,为学生的成长和学校的发展创造更加有利的条件。

二、优化高校校园活动的建议

高校校园活动是一种潜在的德育方式,它在时刻促进着大学生的道德认识、道德情感、道德行为。因此,要对大学校园活动中出现的问题进行分析,并制定出行之有效的对策;加强大学校园活动中的潜在的道德教育作用,将道德教育与智育、体育、美育有机地融合起来,从而培养大学生崇高的道德品质。

(一)改进学校的教学工作,创造良好的道德环境

在高校校园活动中,常常存在过多的娱乐元素,而缺乏人文内涵,因此将娱乐要素与道德要素有机融合起来,对大学的教育教学来说具有重要意义。在开展校园活动时,应将道德教育内容融入娱乐过程中,使学生能够在娱乐与放松中更好地发挥自身的优点,并积极参与各种活动,实现个人发展的目标。大学生是校园活动的主要参与者,大学四年是塑造他们价值观、人生观和世

界观的关键时期,因此,在高校中,校园活动应作为辅助课堂教学的一种方式,对学生进行正确的教育。

在开展校园活动时,学校应以学生的需求为出发点,以个体全面发展为目标,举办具有知识性、思想性、艺术性和品位的活动,以吸引学生的参与。这种校园活动可以巩固、加强和扩展课堂教学,拓宽学生的知识领域,发掘他们的潜能,推动他们全面发展。

高校校园活动应注重培养学生的道德观念、价值观和社会责任感。通过有意义、富有内涵的活动,让学生在娱乐与教育相结合的氛围中,感受到道德的引导和潜移默化的影响。这样的校园活动不仅在娱乐中满足学生的需求,还能提升他们的道德素质和综合素养,使他们成为有良好道德品质的社会栋梁。

因此,高校应加强对校园活动的策划和组织力度,确保活动的质量和效果。与此同时,要与教学相衔接,将校园活动与课程内容相结合,形成有机的教育体系;通过合理设置活动内容和形式,使学生在参与活动的过程中获得知识、思考问题、培养创新能力,以及感受到道德与价值观的重要性。只有这样,校园活动才能真正发挥其教育功能,为大学生的成长和发展提供全面的支持和指导。

(二)对学校的各种活动进行优化,以提高学校的教学质量

随着时代的发展,大学生每天都能接触到丰富的知识,他们的思维方式也随着知识的接受而发生变化。活动形式是内涵的体现,校园活动的内涵需要通过多样化的形式展现出来,即使活动内容丰富多样,如果表现形式只有一种也难以吸引学生的兴趣。因此,高校在组织活动时应从学生需求出发,进行形式上的创新,开展多样性和丰富多彩的活动,增强对大学生的吸引力。为了使

学生的学习更加充实和丰富，学校应积极开展与时俱进、富有创造性的学习活动。校园活动是高校隐性道德教育的重要形式，其魅力在于能够更好地引领学生，并实现其真正的功能。

在高校校园活动中，组织者应在坚持创新原则的基础上，通过娱乐的方式传达道德内涵。比如可以通过比赛的形式开展对道德内涵的教育，并设置相应的奖励，以激励更多的学生参与。

此外，学校还可以组织学生参与社会实践活动，以践行社会主义核心价值观。通过这种实践形式，学生能够将理论知识应用于实际，实现知行合一的目标。这样的活动可以给学生提供与社会互动的机会，让他们更深入地理解和体验社会主义核心价值观的意义，同时，培养他们的实践能力和社会责任感。因此，在大学校园活动中，应注重活动形式的创新与多样化，以吸引学生的积极参与。

（三）把学校的各项工作结合起来，增加工作的连续性

高校校园生活的非连续性和碎片化特点使得学生在参加各种社会活动时，难以获得理想的教育效果。为了使学校的活动具有较强的生命力和教育效果，组织者应对校园活动进行整体规划。比如可以每月设定一个不同的主题活动，并对反响好、效果佳的主题活动进行持续展开，增强活动的连贯性，不断地渗透和影响学生。此外，宣传思想要与时俱进，宣传文化理念，唱响主旋律，组织学生参与有益的体育锻炼活动，将体育锻炼与学习相结合，提升体育锻炼的品质，增强活动的团结力和感染力。

在学校组织中，要注意建立合理的激励制度，以更好地促使学生参与学校的各项工作。例如在校园活动的举办过程中，从构思到执行完成，需要经过多个步骤。因此，组织者必须具备清晰的思路、明确的计划，并采取合理的保障机制，以确保活动的顺利进行。

因此，在高校教育中，如何更好地发挥校园活动的潜在道德教育功能是提升高校教育实效的关键。总体来说，需要注重整体规划、与时俱进的宣传思想、多样化的活动形式和合理的激励机制，同时要确保活动的顺利进行，以实现道德教育的目标。相信通过校园活动的积极引导和影响，学生的道德素质和积极价值观将得到进一步的提升。

（四）用一丝不苟的工作作风，建立一套大学校园文化活动调查制度

高校校园文化活动并不是一成不变的，要想做到既继承又创新，就必须对前人的实践结果进行深入地学习，并根据新时期高校所处的大环境以及教师的行为意识的改变，适时地进行相应的调整。高校在保持传统中的经典校园文化活动的同时，可以设计一批符合时代特点、符合师生关注点和利益的新型校园文化活动。大学生的积极参与和创新是高校校园文化建设的根本。对高校来说，建立一个专门的校园文化研究团队，是维持校园文化研究的原动力和生命力，也是形成自己独特的文化系统的关键。

高校要有一支以负责大学生工作的校领导为核心，由校团委、学生处、思政教师和参与校园文化活动的学生干部代表组成的校园文化研究型团队。该团队应以严谨的态度，多角度、全方位地汇集师生对校园文化活动的期望，并根据高校自身的特点，结合大学生的需要，提出开展高校文化活动的方式与内容，形成高校文化活动的长效发展机制。该团队应立足于大学生的个人发展，选择内涵丰富、意义深刻的活动主题，对校园文化活动的创新进行深入研究，以保证各项校园文化活动的开展可以倡导主旋律、体现主导思想、丰富活动内涵。通过建立该研究团队，可以实现对校园文化活动的质量管理，将先进的校园文化活动案例转变为研究成果，从而逐渐引导高校打造出具有生命力、吸引力和凝聚

力的优质校园文化活动。

(五)用合作精神构建大学校园文化活动工作的互动关系

长期以来,很多高校在开展校园文化工作时,都是以"以学生为主体"的形式进行的。许多家长及相关专业教师因对其内涵的认知不足,将其简单地视为学校的"第二课堂",或者是一种消遣式的文化活动,未充分认识到其对于塑造学生优良品格、塑造人格的重要作用,更有甚者将其视为对学生职业生涯发展的一种"干扰"。

环境是对大学生进行人格塑造的"土壤",一个正面、健康的校园文化氛围将会对大学生的价值判断、知识结构、个人道德和行为准则产生影响,但仅仅依赖于一个学生工作小组,是无法完全实现这种教育的。要实现这一目标,必须把学校内部和外部的资源结合起来,调动家长、专业教师、大学生自我组织以及学校外部的社会资源。高校在开展校园文化活动时,要树立协同发展的思想,构建高校文化活动的互动关系。

站在学校的立场上,要提倡将学科知识和校园文化的构建有机地联系起来,制定相应的政策,以激励专业的教师参加校园文化的活动,并对教师参加的课时的工作量进行详细的说明。要从大局出发,充分发挥高校管理工作的作用。在此基础上,充分利用学生会与各高校社团之间的纽带关系开展多种类型的校园文化活动,为大学生的人格发展与潜力开发寻找新的"增长点"。在校外资源上,要让学生获得父母对校园文化活动的了解和支持,还要全方位地强化学校与周边社区、企事业单位和政府部门之间的关系,构建校外的活动基地,让校园文化活动能够向校外延伸[1]。

---

[1] 孔德莉,冯婧.以机制建设引领高校校园文化活动创新发展[J].教育理论与实践:学科版,2016(4):3.

第五章　高校校园文化活动与校园文化建设

第一节　高校校园文化活动的含义

一、校园文化活动是高校校园文化建设的重要着力点

校园文化是一种特殊的社会文化，与校园精神、校园环境以及校园文化活动密切相关，它是这三个方面的综合与融合。校园精神一直是师生心中秉承的观念，它驱使着高校的教师与学生在日常行为和人际交往中贯彻校园精神。校园精神可以被看作一种约束，时刻引导教师与学生朝着积极、乐观和负责的方向发展。作为教师与学生心中的标杆与准则，校园精神的存在可以确保教师与学生在学习与生活中不偏离正确的道路。

校园环境则是一种具备规范性和物质性的载体，与教师和学生密不可分。在校园中，一个人无法单独形成校园环境，但一群人可以通过自身的影响力来营造一种校园环境。校园环境能够让人感受到自己生活在一个群体中，并清晰地感知这个群体的状态——可能是积极的状态，也可能是消极的状态。积极的状态会

对教师与学生产生积极影响，而消极的状态则会对他们产生负面影响。个人很难在固有的环境中保持自我，或多或少都会受到环境因素的影响。例如，如果一个学生周围的人都积极向上、勤学肯干，即使该学生本身有些消极懒惰，也会在环境的影响下逐渐发生变化，融入群体；相反，如果学生周围的人是消极懒惰的，即使学生本身十分积极，也会受到一定程度的负面影响。

校园环境和校园精神是相对静态和抽象化的。高校的师生无法直接感受，只能在潜移默化中体会，而校园文化活动则是校园文化中最活跃的一部分。校园文化活动的存在贯穿始终，不仅能极大程度地影响校园精神的培育和发展，还能与校园环境相互交融，相互促进。因此，校园文化活动在校园文化建设中起着关键作用，它推动着校园精神的发展和校园环境的改善。因此，我们应该重视校园文化活动在校园文化建设中的作用，并积极思考如何充分利用它来促进校园文化的发展。

一方面，校园精神往往在校园文化活动中诞生。师生在校园文化活动中相互包容、感知和理解，最终将一切升华为校园精神的内涵。单方面地强调校园精神没有实际意义，因为校园精神需要得到校园师生的认可才算是真正的精神。以北京大学为例，其校园精神包括科学、民主和爱国精神，这些精神的诞生依托于五四运动等校园文化运动。校园文化运动的组织和实施不是一群人的幻想，而是基于相关组织人员心中的准则和信念转化为实际行动。

在校园文化活动中，会遇到志同道合的同学，即大家心中所秉持的信念和观念相同。在这样的氛围下，初步形成了校园理念，当一种校园文化活动中传递的观念和准则被更多人接受时，校园精神才会正式形成。人们将校园精神作为准则、戒律和约束，规范自己的生活和行为，以贯彻校园精神的核心信念。此外，校园精神的发展与校园文化活动密不可分。如果校园精神逐渐偏离校园文化活动的范围,则将逐渐失去影响力,最终名存实亡。校园文化活动是校园精神的载体,校园精神离开了校园文化活动就失去了实际支撑。参与校园文化活动的教师和学生都是为了贯彻心中共同的信念和准则。因此,校园文化活动的组织者和参与者应该在实践中奉行校园精神,将其落地实施,避免校园精神变成空中楼阁。

另一方面,校园文化活动对校园环境也有深刻影响,包括精神和物质方面。优秀的校园文化活动,比如"青年园"和"共青林"直接美化了校园,而"文明宿舍达标创优活动"改善了学生宿舍的硬环境。校园文化活动不仅能在物质层面上影响校园环境,还能提升校园软环境的文化内涵和品位。良好的硬件设施为校园文化活动提供了丰富的场所和设施,调动了师生参与校园文化活动的积极性,促使活动更加顺利有效地开展。因此,校园文化活动对于校园文化建设至关重要。我们应该充分利用校园文化活动来推动校园精神的发展、改善校园环境,使文化建设工作得以顺利进行。在这个过程中,我们必须认识到校园文化活动是校园文化建设的重要组成部分,它不仅影响校园精神的形成,也对校园环境产生积极影响。因此,我们应该思考如何充分利用校园文化活动来实现校园文化建设的目标。

总之,作为校园文化诸多要素中重要的实践性要素,开展丰富多彩的校园文化活动是与校园文化"重在建设"思想一脉相承的。只有抓住"校园文化活动"这个根本点和重要环节,并辅之以教学体制和教学内容、教学方法的改革,才能促进校园文化建设健康地发展,为培育"四有"新人服务。

二、校园文化活动是提高学生素质的重要途径

在高等院校的教育中,学生综合素质的培养是至关重要的。学生需要在德、智、体、美、劳各个方面全面发展,成为社会主

义事业建设的合格参与者和接班人。随着时代的发展和进步,社会对高校培养人才提出了更高的要求。高校学生不仅需要掌握专业知识,还需要提升自身的综合素质,并将两者有效地结合起来,成为新时代的综合型素质人才。

(一)课堂教学与校园文化活动相结合

课堂教学作为学生学习知识的重要场所和与教师交流的环境,存在一些限制——无论是教学内容还是内在环境,都难以有效地促进学生的综合素质发展,很难帮助学生实现新时代下的全面发展。为了实现教学目标,教师和学生需要积极沟通,并共同组织开展校园文化活动。校园文化活动丰富多彩,很容易吸引高校学生的兴趣,使他们积极参与其中。教师可以利用这个机会与学生一同参与校园文化活动,并通过活动拉近与学生之间的距离。校园文化活动还可以帮助教师与学生进行积极交流,使教师能够及时了解学生群体的状况,从而更好地安排学习内容和课程,有效地培养学生的综合素质。

此外,校园文化活动不仅可以营造良好的师生氛围,也可以承担对高校学生的教育教学工作。在培养学生的思想道德素质时,课堂教学往往无法达到应有的效果。这一问题一直是思政教师面临的挑战,而校园文化活动的存在往往能够较为有效地解决这一问题。

(二)激发学生参与思政教育的积极性

传统的思政课程教学主要以理论灌输为主,教师在课堂中向学生讲授相应的理论知识,而学生只能被动地听讲。这种教学方式常常使学生产生厌烦情绪,严重影响了思政教学的学习效率和成果。而且,传统教学模式使学生处于被动地位,难以主动应对学习困难,难以将理论知识应用于实践。相比之下,校园文化活动与常规的思政课程教育不同。在校园文化活动中,学生处于主导地位,往往能够发挥思政课程教育所无法达到的作用。校园文化活动立足于满足学生的实际需求,且常包含着相应的素质教育内容。学生在参与校园文化活动时,往往会潜移默化地接受素质教育和思政教育的影响,轻松地掌握课程知识,并将理论应用于实践。在这一过程中,学生甚至无法察觉到自己已经接受了相应的教育内容。校园文化活动的这种教育方式能够大幅度地提升教学效果,使学生在实践中获得教学,将教学融入实践。

(三)激发学生对文明的追求热情

在高校校园中,同时举行"校园内十大文明现象"与"校内十大不文明现象"的相应评选活动,可以充分调动学生对文明建设的热情。在这两个活动中,当学生参与评选文明和不文明现象时,就已经接受了相应的教育。平时被忽视的不文明行为在活动中被放大,可以时刻警醒自己;相反地,文明行为也会在活动中得到认可,使自身受益良多。学生通过对文明和不文明行为的评选,可以提高其综合素质。校园文化活动还可以有效地提升学生的科学文化素养。在校园中,举办以现代科技知识为主题的教授讲座和博士论坛使学生受益匪浅。通过参与校园文化活动,学生可以补充课外知识内容,丰富知识储备,并更好地应用于课堂学习,提高学习效率。此外,计算机大赛、科技小发明比赛、科技论文写作比赛等也能够吸引高校学生进行实践和学习,促进理论知识与实践的共同成长,提升综合素质。学校还可以邀请其他学校的名牌教师进行人文讲座,吸引学生的关注。这些校园文化活动的不断开展,可以使学生充分利用实践机会审视、完善和丰富自己。

三、校园文化活动是满足师生精神文化需求的重要形式

当下,学生在高校每天面对繁杂的学业内容,而教师们则承担着大量的工作和会议,在这种情况下,他们都需要一种活动形式来满足内心对精神文化的需求,而校园文化活动的存在恰好满足了这一需求。在高校校园中,有各种类型的校园文化活动,尤其是艺术、娱乐和体育类的活动,能更好地满足教师和学生的精神文化需求。

参与校园文化活动的教师和学生不仅能够加强师生关系,营造和谐的氛围,还能有效地缓解他们的精神压力。学生面临着社会对他们的不断要求,需要持续学习以适应就业等问题带来的压力,虽然这种压力在一定程度上能激发学生的学习动力,但过多的精神压力反而会影响学生身心健康的发展,不仅失去学习的动力,还可能对其产生负面影响。因此,如何实现劳逸结合是教师和学校需要深思的问题。校园文化活动提供了一种解决方案,比如前文所述,高校的文化活动包括多个层面,尤其是艺术类的校园文化活动,吸引着对艺术工作感兴趣的高校学生,这类活动包括画展、艺术展和音乐节等与艺术相关的活动。

在画展中,学生和教师的优秀作品得到展示,通过欣赏,学生可以充分感受视觉艺术带来的冲击,深入理解作品所表达的思想与含义。参观画展本身就是一种放松和享受的体验,每个人对于相同作品的解读都会有所差异,学生在分析和理解画作时可以找到志同道合的伙伴,也可以与不同的思想进行碰撞。

校园文化活动是满足教师和学生精神文化需求的重要途径,为他们提供了一个平台来放松身心、交流和欣赏艺术。这不仅有助于促进师生关系的和谐,还对学生的全面发展和健康成长具有积极的影响。在校园文化活动中,经常会举办各种形式的艺术展

览，与画展不同，艺术展涵盖了真人行为艺术、雕塑艺术、绘画艺术等多种形式。在参观艺术展的过程中，学生能够发散思维，以不同的角度思考平时习以为常的内容，发现其中蕴含着巨大的艺术价值，充分感受到人类思想与现实的碰撞。

音乐节通常是每个高校必备的校园文化活动之一。在音乐节中，学生可以展现自己的歌喉，而教师也能展示自己"不为人知的一面"。

除了音乐节，"校园十佳歌手"等艺术活动也能够满足学生的精神文化需求。上台表演的学生可以满足展示自我才华的欲望，而台下投票的学生虽然无法展示自己，但能感受到他人展示中的自信和活力，从而获得积极的能量。对于处于青春时代的高校学生来说，他们可能逐渐适应了机械般的生活方式，但只有实现学习和休息的有机结合，才能最好地应对压力。

除了艺术形式的校园文化活动，娱乐和体育类活动也能有效满足学生和教师的精神文化需求。例如，一些学校定期举办五子棋、围棋、象棋、黑白棋、跳棋等多种棋类项目。参与这些活动的学生不仅能够享受棋类游戏带来的乐趣，还可以有效地提升智力水平。除了艺术和娱乐活动，体育类校园文化活动也备受教师和学生喜爱。一些高校会定期举办足球比赛、篮球比赛和排球比赛等活动，吸引喜爱运动的学生参与。学生在比赛中付出努力，为共同的目标而奋斗，这种行为本身就蕴含着积极的意义，即使成绩不尽如人意，学生也能从全力以赴中获得收获——无论成功与失败，都能满足学生相应的精神文化需求。

校园文化活动是满足高校师生文化需求的一种重要形式。高校的教师群体与学生群体的文化层次较高，相应的精神文化需求也更加多样化。基于这种形式，高校在开展相应校园文化活动时，需要多层次、多形式地组织相应内容。

四、校园文化活动是师生了解社会、学习工农的重要载体

在当前的时代，大学生最需要提升的是与社会接轨的能力。随着社会的不断发展，我国各项改革事业也在稳步推进，相应的社会经济体系已经相当完善和成熟。作为社会的一部分，大学生如何与社会有效地衔接，是目前仍需努力解决的问题，而校园文化活动则成了重要的媒介之一。

在校园文化活动中，学生能够充分感受社会的规则，了解社会并适应社会的发展变化。同时，在实际层面上，教师也一直致力于帮助学生完成与社会的对接。在组织校园文化活动时，教师可以邀请对社会发展了解较深的专家为学生开展讲座，解答他们的问题和疑惑。

此外，针对当前热点的社会话题，学校可以邀请专家参与大型报告会，帮助学生及时了解社会热点的本质和社会发展的动态。另外，学校还可以组织专题讲座活动来填补学生在社会知识方面的不足。例如，就业问题是大学生在毕业时所面临的第一个与社会接轨的挑战。许多学生在学校将大部分精力放在学习知识上，对就业过程中的一系列问题一无所知，有些学生甚至不了解学校招聘（校招）和社会招聘（社招）的存在，更不用说二者之间的区别。这种情况导致学生很难在毕业后立即融入社会，无法及时完成相应的就业任务。为了帮助学生了解有关就业问题，改善当前的局面，一些学校会定期组织大型就业问题研讨会。在研讨会上，专家会向学生详细解释校招和社招的含义及区别，解答学生在就业方面的问题和疑惑。此外，研讨会还会讲解应届生的概念，以及择业时机的重要性等内容。同时，专家还会对公务员、事业编制、西部计划等多种就业方向给予明确的解释和答疑。

除了与招聘和应届生身份相关的问题，面试也是困扰学生很

久的难题。无论是校招还是社招，除了笔试外，面试是决定学生是否能够入职的关键因素。有些企业甚至要求进行多轮面试才能正式入职。解决这些问题的方式之一就是通过校园文化活动熟悉并了解这些流程存在的目的。在这类活动中，学校组织者会模拟一场招聘面试会，参与活动的学生仿佛置身于真实的面试环境中，组织这样的模拟会的最大目的是模拟面试过程。当人们面对陌生的事物时，往往会感到恐惧，许多同学认为自己的简历不够完美，常常觉得面试一定会失败，因此缺乏自信。而模拟招聘会可以很好地解决这个问题。在模拟过程中，工作人员会扮演招聘人员的角色，对学生进行一系列的询问。在询问过程中，工作人员会观察学生的表现。模拟结束后，针对学生在面试过程中存在的问题工作人员会一一指出，并指导学生加以改正。许多学生对面试感到恐惧，在面试过程中非常紧张，表达不自然，而模拟面试活动的存在可以使害怕面试的学生直面恐惧。通过多次模拟面试，理解面试的本质，可以大大减轻学生害怕面试的心理，使其能够以积极的心态应对真正的面试。

第二节 举办校园文化活动的目的

一、结合文化建设发展，扩充校园文化活动涉及的领域

校园文化活动是学校教育的重要组成部分，它不仅能丰富学生的课余生活，提高他们的艺术修养和审美能力，还能促进学生的全面发展和个性的培养。因此，结合文化建设发展，扩充校园文化活动涉及领域是非常必要的。

在校园文化活动的举办上，要注重多样性和创新性。学校可

以组织各类艺术展览,比如绘画、摄影、雕塑等,为学生提供展示自己才华的平台。此外,可以开展音乐会、戏剧表演、舞蹈比赛等活动,让学生能够充分地展现自己的音乐、表演和舞蹈才能。同时,还可以举办文学讲座、写作比赛等活动,激发学生对文学的兴趣和创作能力。通过举办这些多样性和创新性的活动,满足学生多元化的需求,提高他们的参与度和积极性。

校园文化活动的举办需要与社会资源紧密结合。学校可以与当地博物馆、美术馆、剧院等文化机构合作,组织学生参观、参与展览或演出等活动。同时,可以邀请社会名人、艺术家、作家等来校园举办讲座、交流和指导,为学生提供更广阔的学习和交流平台。通过与社会资源的结合,可以丰富校园文化活动的内容,提高学生的艺术修养和文化素养。学校可以与当地博物馆、图书馆、艺术团体等文化机构建立合作关系,共同组织各类文化活动。这样不仅可以丰富学生的文化体验,还能为他们提供更广阔的发展平台,同时也能促进学校与社会的良好互动。此外,要注重校园文化活动的全员参与。除了学生,教师和家长也应积极参与校园文化活动的组织和推动中。学校可以组织教师参与艺术培训和教育研讨,提高他们的教育水平和文化修养,从而更好地指导学生参与校园文化活动。

校园文化活动的举办需要注重长期规划和可持续发展。学校可以制订长远的发展计划,明确目标和方向,为校园文化活动的开展提供有力的支持和保障。同时,还需要加强对校园文化活动的宣传和推广,提高学生和教师的参与度和积极性。此外,学校还可以通过举办校园文化节、艺术展览、文化比赛等活动,不断扩大校园文化活动的影响力和知名度。学校可以利用各类社交平台和在线教育资源,组织线上文化活动,如线上音乐会、舞蹈展演、诗歌朗读等。这样不仅能扩大活动的受众范围,还能提高学生在信息技术方面的应用能力。

二、尊重学生的参与意愿,推动校园文化活动形式的创新

校园文化活动对于学生的成长和全面发展具有重要的意义,因此,尊重学生的参与意愿,推动校园文化活动形式的创新是非常重要的。为了实现这一目标,校方可以采取以下措施和策略。

(一)建立一个学生参与决策的机制

学生在校园文化活动中发挥着重要的作用,他们对于活动的意见和建议校方应该充分地听取和尊重。学校可以成立一个学生文化活动委员会或者类似的机构,由学生代表组成,负责与学校管理层沟通,制定活动策划和决策。学生代表可以通过集体讨论,提出自己的想法和建议,并参与决策过程。这样做可以确保活动的举办更贴近学生,更具有吸引力,还可以确保学生的参与意愿得到充分的体现,同时,也能增加学生的责任感和参与感。学校管理者也可以通过问卷调查、座谈会等方式,广泛听取学生对校园文化活动的意见和建议,了解他们的兴趣爱好和需求。根据学生的反馈,有针对性地策划和组织各种文化活动,确保活动的举办与学生的需求相契合。

(二)创新校园文化活动的形式和内容

传统的校园文化活动形式往往局限于演讲比赛、艺术展览等,缺乏新意和吸引力。校方可以组织多元化的活动,比如音乐节、戏剧表演、体育比赛、科技创新展示等,以满足学生不同的兴趣爱好和需求。同时,还可以引入一些新的元素和互动方式,比如举办主题派对、组织户外拓展等,以增加活动的趣味性和互动性。除了传统的演讲比赛、歌舞表演等活动,还可以引入一些新颖的文化活动形式,比如绘画比赛、文化沙龙、文化影院等。这些多样化的活动形式,可以满足不同学生的兴趣爱好,也可以吸引更

多的学生积极参与校园文化活动。

（三）提供必要的资源和支持

校方应该提供必要的经费和场地，以支持校园文化活动的顺利开展。还可以邀请专业的导师和艺术家来指导学生的演出和表演，以提高活动的质量和水平。此外，校方还可以与社会机构、企业等合作，争取更多的赞助和资源，以丰富校园文化活动的内容。如果资金充足，学校可以设立专门的文化活动基金，用于支持学生举办各种文化活动；如果资金不足，学校可以与社会资源对接，争取更多的赞助和支持，尽力为学生提供良好的活动条件。

（四）加强宣传和推广

校方可以通过校内广播、校园电视台、校报等媒体渠道，及时宣传校园文化活动的信息和内容。同时，还可以利用社交媒体平台，比如微信公众号、新浪微博等，加大对校园文化活动的推广力度。此外，还可以组织一些宣传活动，如海报设计比赛、宣传视频制作比赛等，吸引更多的学生参与和关注校园文化活动。

三、兼顾媒体宣传应用，延展校园文化活动的影响力

随着新媒体的迅速发展和普及，学校及学生团体可以更多地利用新媒体来提升校园文化活动的宣传效力。新媒体平台如微博、微信公众号、短视频等，为学校及学生团体提供了广阔的传播渠道和更直接的沟通方式。通过合理利用新媒体，学校及学生团体能够更好地宣传校园文化活动，增加参与度，提升传播效果。学校及学生团体应灵活运用新媒体工具，通过多样化的内容形式、精准的定位和积极的互动，提升校园文化活动的宣传效力，吸引更多人的关注和参与，进一步地推动校园文化的繁荣发展。

通过合理利用新媒体平台，建立官方平台、直播或录播活动、

第五章 高校校园文化活动与校园文化建设

制作短视频、与其他学校或团体合作等，可以增加活动的参与度和传播效果，提升校园文化活动的影响力。学校及学生团体可以建立自己的官方微博、微信公众号等。通过这些平台，组织者可以发布校园文化活动的信息，包括活动内容、时间地点、参与方式等。同时，学校还可以在多种新媒体平台上分享活动的照片、视频等多媒体内容。通过建立官方平台，学校组织者可以更直接地与学生群体进行沟通，及时回应并听取学生的问题和建议，增加学生对活动的参与度和满意度。

除了以上的方法，学校及学生团体还可以充分利用一些新兴的社交媒体平台，如抖音、快手等，这些平台以短视频为主要形式，具有快速传播和吸引力强的特点。学校及学生团体可以利用这些平台制作有趣、创意的短视频，通过娱乐性和趣味性吸引更多的目光。

利用新媒体平台进行线上活动的直播或录播，不仅可以让无法亲自到场的学生参与其中，还可以将活动传播到更广泛的受众群体中。在直播或录播过程中，学校及学生团体可以利用一些互动功能，如在线提问、抽奖等，增加观众的参与度和黏性。同时，学校及学生团体还可以邀请一些有影响力的名人参与活动，吸引更多人关注和参与。学校可通过设置互动环节，比如抽奖、问答、签名等，增加学生参与的积极性和体验感。此外，可以鼓励学生参与活动的策划与组织，将学生的创意和想法融入活动中，增加学生的归属感和参与度。这样做旨在通过校园文化活动的影响力，提升学校的品牌形象。学校也可以与校外媒体建立良好的合作关系，邀请记者参与活动的报道，通过报纸、电视、广播等媒体渠道进行宣传。学校可以利用新媒体平台与其他学校进行资源共享，提升校园文化活动的丰富程度。通过与其他学校合作，学校可以分享各种资源，比如演出场地、器材设备、艺术团队等，从而丰富校园文化活动的内容和形式；还可以互换场地和展品。这样的合作可以节约资源，提高校园文化活动的质量和水平，同时促进彼此的学习与成长。这种分享不仅可以提高自身校园文化活动的质量，还可以加强学校之间的交流与合作，推动整个校园文化产业的发展。因此，学校应积极利用新媒体与其他学校合作，共同推动校园文化活动的发展，多校构建新媒体宣传合作关系，实现互利共赢。

参考文献

[1] 王明智.校园文化建设的一般方法与途径探究[J].中国校外教育，2019(8):2.

[2] 尤士伟.浅析打造特色中职校园文化建设中融入企业文化的途径与方法[J].天津职业院校联合学报，2020，22(6):4.

[3] 丛海霞.高职校园文化建设中弘扬优秀传统文化的途径与方法[J].风景名胜，2018(12).

[4] 刘嫄.在校园文化建设中高职院校学生社团的作用和途径探索[J].就业与保障，2020(13):2.

[5] 尚旭东.高校思政教育与校园文化建设的融合途径[J].文存阅刊，2019(13):156.

[6] 张远峰.高校思政教育与校园文化建设的融合途径[J].现代职业教育，2018(23):1.

[7] 崔会敏，杜春艳.新媒体背景下高职院校校园文化建设现状及创新途径研究[J].山东畜牧兽医，2018，39(3):2.

[8] 李梦歌.高校校园文化艺术建设推进思想政治教育工作的途径探究[J].山海经：教育前沿，2020(4):1.

[9] 杨民.浅谈中华优秀传统文化融入高校校园文化建设的途径方法[J].才智，2021(11):92—94.

[10] 周如川，徐向学，卢楚韵，等.中华优秀传统文化融入高校校园文化建设方法与途径[J].长江丛刊，2018(25):2.

[11] 张玉钰.浅谈加强校园文化建设的意义与途径[J].当代教育实践与教学研究,2019(20).

[12] 常超.高校思想政治教育与校园文化建设的融合途径分析[J].新西部：中旬·理论,2018(9):2.

[13] 董莲诗.高职院校校园文化建设的路径与方法研究[J].中国科技经济新闻数据库教育,2022(9):4.

[14] 金芊芊.传统文化融入高校校园文化建设的途径研究[J].常州信息职业技术学院学报,2019,18(6):3.

[15] 和洪星.论校园文化建设途径[J].学园,2019(20):2.

[16] 赵立涛,张旭.高校校园文化建设的功能、内容及途径[J].长江丛刊,2018(30):2.

[17] 刘琳.校园文化建设中大学生创新能力培养途径研究[J].中国多媒体与网络教学学报(上旬刊),2018(07):107—108.

[18] 李蓉蓉,史琳琳.优秀传统文化融入高校校园文化建设的途径浅析[J].青春岁月,2019(26).

[19] 黄思源."互联网+"背景下校园文化建设的途径——以桂林市榕湖小学为例[J].广西教育,2021.

[20] 徐福祥.校园文化建设中践行和培育社会主义核心价值观的途径[J].教育革新,2019(9):2.

[21] 杨小刚.新时期民办高校校园文化建设的途径简析[J].科教导刊（上旬）,2021(10):42—43.

[22] 罗树聪.浅析校园文化建设的有效途径[J].儿童大世界：教学研究,2019(01):1.

[23] 卓越.高校思政教育与校园文化建设的融合途径[J].文学教育,2019(11):2.

[24] 刘尊旭."双一流"大学校园文化建设初探[J].管理观察,2019(16):3.

[25] 张颖.新时代高校校园文化建设的思考与对策[J].绍兴文理学

院学报，2019，39(4):5.

[26] 邓新云，马勋民，欧彦麟，等.新时代背景下加强高校校园文化建设的途径探索[J].重庆电力高等专科学校学报，2020，25(5):3.

[27] 康卉.立德树人背景下校园文化建设的内涵，类型及路径探析[J].陕西教育：高教版，2019(7):2.

[28] 胡桂昌.校园文化建设中实现德育教育的有效途径[J].汉字文化，2019(4):2.

[29] 何俊宽.高校思政教育与校园文化建设的融合途径[J].海外文摘·学术，2018(17):2.

[30] 刘绪君.新时期我国大学校园文化建设创新的途径思考[J].赢未来，2018(06):2.

[31] 张超."互联网+"时代的高校校园文化建设——基于大学生创新创业能力的培养[J].高教学刊，2020(1):4.

[32] 唐洁，张龙，等.高校校园文化建设途径探索——以贵州省L高校为例[J].桂林师范高等专科学校学报，2019，33(6):4.

[33] 施雯.新媒体助力校园文化建设的途径——以淮阴师范学院为例[J].青年时代，2018.

[34] 黄苹，孙晓川.新媒体时代高校校园文化建设的基本途径探究[J].艺术科技，2018(10):1.

[35] 裴云龙.浅谈优秀传统文化融入校园文化建设的有效途径[J].新教育时代电子杂志（教师版），2018(29):226.

[36] 李蓉蓉，史琳琳.优秀传统文化融入高校校园文化建设的途径浅析[J].青春岁月，2019(26):132.